瀬戸内海を見渡す海岸沿い約1万㎡の敷地に、
大正・昭和初期の小さな村が出現しました。

ここは、田中裕子版・黒木瞳版・松下奈緒版の
「二十四の瞳」、映画「八日目の蝉」、
CM・ドラマなど数多くが撮影された場所。
また、壺井栄文学館や、
映画上映もあるギャラリー松竹座映画館、
1950年代日本映画黄金期のギャラリー
「キネマの庵」など日本映画の魅力も満載です。

～大人の時間～
Illumination Stone
in Summer village

Collaboration EVENT-1
魅惑のBossa Live Nova♪
VOCAL 美輝 
8.1.sat-8.10.mom／21:00-21:45
会場：映画村特設会場

Collaboration EVENT-2
ゲキ×シネ『髑髏城の七人』プレミア上映
8.1.sat-8.10.mom／17:45-20:44
会場：松竹座映画館

劇団☆新感線の"いのうえ歌舞伎"と呼ばれる
時代活劇シリーズの代表作。2013年にゲキ×シネ史上
最大館数で公開した通称"ワカドクロ"を上映！

©2013　ゲキ×シネ『髑髏城の七人』／ヴィレッヂ・劇団☆新感線

Bonnet Bus

昭和を走る！懐かしの銀バス復活！
無料ボンネットバス運行
■運行区間【二十四の瞳映画村】～【岬の分教場】の往復
■運行期間　4/29～5/5、8/1～8/31、9/19～22
■運行時間　10:30～15:30　■乗車料金　無料

Direct Boat
映画村直行便 渡し舟
～大石先生の通勤航路をゆく～
■航路【オリーブナビ桟橋（オリーブビーチ）】～【映画村桟橋】
■運行期間　HPで運行カレンダーをご確認ください
■運行時間　9:30～16:30（予約不要）随時出発します
■所要時間　約10分　■定員 12名　■片道料金 大人500円／小人250円
■映画村入村券が付いたお得なセット券があります

写真提供／松竹株式会社

Cinema Art Wall
往年のスターたちと記念撮影できる新名所！
シネマ・アートウォール
日本初となる日本映画壁面パネルアート。古き良き日本映画を知ってもらうために、
全長54mの壁面に「愛染かつら」「カルメン故郷に帰る」など感動の名作を一挙紹介。

二十四の瞳映画村・岬の分教場
〒761-4424　香川県小豆郡小豆島町田浦
TEL.0879-82-2455　http://www.24hitomi.or.jp/
入村時間　AM9:00～PM5:00（11月のみAM8:30～）　年中無休
入村料金　映画村：大人750円／小人350円　分教場：大人220円／小人110円
　　　　　セット：大人830円／小人390円

Find us on Facebook

アートをめぐる心ときめく船旅を♪

姫路⇔福田航路（フェリー）
（所要時間約100分）

姫路▶福田
便	姫路発	福田着
1	7:15	8:55
2	9:45	11:25
3	11:15	12:55
4	13:35	15:15
5	15:10	16:50
6	17:25	19:05
7	19:30	21:10

福田▶姫路
便	福田発	姫路着
1	7:50	9:30
2	9:20	11:00
3	11:40	13:20
4	13:15	14:55
5	15:30	17:10
6	17:15	18:55
7	19:30	21:10

●片道運賃
（旅客）
大人1,520円/小人760円

（乗用車・トラック・バス）
4m未満 7,390円
5m未満 9,230円

福田港 ⚓
TEL.0879-84-2220

姫路港 ⚓
TEL.079-234-7100

高松⇔土庄航路（フェリー）
（所要時間約60分〜約70分）

高松▶土庄
便	高松発	土庄発
1	6:25	6:36
2	7:20	7:35
3	8:02	8:35
4	9:00	9:25
5	9:55	10:20
6	10:40	11:20
7	11:35	12:20
8	12:35	13:53
9	13:40	14:45
10	15:10	15:45
11	16:00	16:30
12	17:20	17:30
13	17:50	18:40
14	18:45	19:30
15	20:20	20:10

●片道運賃
（旅客）
大人690円/小人350円

（乗用車・トラック・バス）
4m未満 4,940円
5m未満 6,210円

サンポート高松 ⚓
（フェリー乗り場）
TEL.087-822-4383
（高速艇乗り場・県営第1桟橋）
TEL.087-821-9436

高松⇔土庄（高速艇）
（所要時間約35分）

高松▶土庄
便	高松発	土庄発
1	7:40	7:00
2	※8:20	※7:30
3	9:10	8:20
4	※10:00	※9:10
5	10:40	10:00
6	※11:20	※10:40
7	13:00	11:20
8	※13:40	※13:00
9	14:20	13:40
10	※15:10	※14:20
11	15:50	15:10
12	※16:30	※15:50
13	17:10	16:30
14	※17:50	※17:10
15	18:30	17:50
夜間	21:30	20:50

※『ひかり』運航便　赤字は夜間便

●片道運賃
（旅客通常便）
大人1,170円/小人590円

（旅客夜間便）
大人1,550円/小人790円

土庄港 ⚓
TEL.0879-62-0875

土庄⇔宇野（旅客船・フェリー）
（所要時間 旅客船/約60分・フェリー/約90分）

土庄▶唐櫃▶家浦▶宇野
便	土庄発	唐櫃発	家浦発	宇野着
客	—	—	—	—
フ	—	—	6:00	6:40
客	7:20	7:40	7:55	8:20
フ	8:40	9:10	9:30	10:09
客	10:30	10:50	11:05	11:30
客	—	—	12:30	12:55
フ	13:10	13:40	14:00	14:39
客	15:50	16:10	16:25	16:50
フ	17:50	18:20	18:40	19:19
客	19:25	19:45	20:00	—

宇野▶家浦▶唐櫃▶土庄
便	宇野発	家浦発	唐櫃発	土庄着
客	—	6:40	6:55	7:15
フ	6:45	7:25	7:45	8:14
客	8:40	9:05	9:20	9:40
フ	11:10	11:50	12:10	12:39
客	11:35	12:00	—	—
客	13:25	13:50	14:05	14:25
フ	15:25	16:05	16:25	16:54
客	17:30	17:55	18:10	18:30
フ	19:30	20:10	—	—

客…旅客船　フ…フェリー

●片道運賃
（旅客）
土庄→唐櫃	大人480円/小人240円
土庄→家浦	大人770円/小人390円
土庄→宇野	大人1,230円/小人620円
宇野→唐櫃	大人1,030円/小人520円
宇野→家浦	大人770円/小人390円
唐櫃→家浦	大人290円/小人150円

（乗用車・トラック・バス）
宇野→土庄
4m未満 6,870円
5m未満 8,590円

宇野→唐櫃
4m未満 5,400円
5m未満 6,620円

宇野→家浦
4m未満 4,780円
5m未満 5,390円

家浦→土庄
4m未満 4,780円
5m未満 5,390円

唐櫃→土庄
4m未満 3,560円
5m未満 4,540円

土庄港 ⚓
TEL.0879-62-0875

家浦港 ⚓
TEL.0879-68-3369

宇野港 ⚓
TEL.0863-21-3540

瀬戸内を快適ネットワークで結ぶ四国フェリーグループ

小豆島フェリー株式会社
香川県高松市玉藻町10-32　TEL.087-851-8171
http://www.shikokuferry.com/

小豆島豊島フェリー株式会社
香川県小豆郡土庄町甲6194-11　TEL.0879-62-1348
http://www.shodoshima-ferry.co.jp/

※H27年4月1日現在
ダイヤや運賃等は変更されることがありますので、お問い合わせください。

瀬戸の島旅
岡山・香川を島はしご

CONTENTS

全航路図	8
小豆島・沖ノ島	10
豊島	34
直島	44
［港町めぐり］宇野	60
女木島・男木島	62
犬島	70
笠岡諸島	
真鍋島	76
白石島	80
北木島	83
高島・大飛島・小飛島・六島	87
［港町めぐり］笠岡	88
日生諸島	
鹿久居島	90
鴻島	91
頭島・大多府島	92
［港町めぐり］日生	94

前島・黒島＆牛窓	96
［港町めぐり］牛窓	98
粟島	100
本島	104
その他の島々	
牛島・広島・手島・小手島	108
与島・岩黒島・櫃石島	110
高見島・佐柳島	112
伊吹島・志々島	113
定期船のない島	
大島	115
小豊島・小与島・屏風島・石島・松島・六口島・長島	116
瀬戸内エリアの多彩な宿	118
島旅の宿リスト	123
時刻表	128
インデックス	134

※電話を設置していない等の理由で、電話番号を表記していないスポットがあります。

「島はしご」という楽しみ

岡山県と香川県の間に広がる「備讃瀬戸」には、大小42の人が暮らす島があります。ポコポコとおにぎり山のような島々には、十島十色の風景と個性豊かな人たちが待っています。せっかく行くなら1島だけじゃもったいない。カモメのように、気の向くまま島と島をつないで自分流の島旅を楽しみませんか？ 行き交う船が、すぐ目の前にある別世界へ、あなたを連れていってくれます。

写真：青地大輔

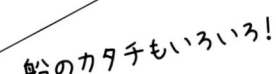
船のカタチもいろいろ！

船は島旅の入り口。島によって形も役割も様々です。船の形状からなんとなくその島の暮らしが想像できるから面白い

鹿久居島から見た小豆島

岡山・香川の島をまたにかけて遊ぶ

備讃瀬戸の島々を歩いていると、今でこそ岡山県、香川県に分かれていますが、もとはひとつの海だったんだということがよくわかります。

例えば、岡山の牛窓の漁師さんは香川県の高松港までマイ船でわずか40分で行くとか（陸路だと2時間はかかる）。香川の本島のお母さんが子どもの頃は、島で採れた野菜を岡山側の児島の市場に毎朝船で出荷していたとか。児島は漁師町、農家が少ないので島の野菜が大変重宝されたそうです。また、島から島へ嫁いだ瀬戸の花嫁は数えたらきりがありません。お隣の島同士、海を越えた親戚付き合いは日常です。

もともと、備讃瀬戸は瀬戸内海で一番狭いエリア。最短距離はわずか15kmしかありません。だから陸路を行くよりも、間に点在する島を飛び石のようにはしごしながら旅する方がずっと楽しい。きっと陸からは見えない本当の魅力が見えてきますよ。

島はしごの相棒、
折りたたみ自転車

島内の交通手段が徒歩しかない小さな島では、歩いてまわるのも楽しいけど、自転車があるとぐっと行動範囲が広がります。レンタサイクルを利用してもいいし、自転車好きな人はぜひマイチャリを持ち込んで。輪行バックがあれば、どの船にも乗せられますよ。

5

瀬戸内の夕日、サイコーです！

本島

白石島

高見島

与島

頭島

頭島

本島

伊吹島

井戸端会議に猫も参加

　初めての人は、港を起点にはしごしてみるのがいいでしょう。

　高松港からは6つの島へ定期船が出ていますし、岡山には2つの諸島があるので、日生、笠岡ともに島はしごしやすいエリアです。

　もう少し足を伸ばすなら、岡山・香川両方に航路をもつ直島、豊島、小豆島を中継地点にしてみて。3島同士もつながっているので、お好みの島で1泊し、翌日は別のエリアへ足を伸ばすのもいい。小豆島の大部港から岡山の日生港へは、フェリーでわずか1時間。日生諸島へ簡単にアクセスできます。

　また、香川の本島から岡山の児島港へも船が1日2～3便あります。児島港からJR児島駅は歩いてすぐなので、電車で瀬戸大橋を渡るのもいいけれど、のんびり船旅したい人は、このルートを使ってみるのもいいかもしれません。

　レアなコースとしては、毎週土曜日、しかも1便だけ、岡山と香川をつなぐ航路もあります。岡山の笠岡

おもしろ狛犬、いろいろおります

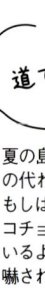
本島

道でナンパ?!

夏の島ではチョウやトンボの代わりにカニに会うこともしばしば。ハサミをチョコチョコ動かすので誘っているように見える。要は威嚇されてるんですけど…

こまったちゃん
男木島

白石島
アニメキャラ風

玉野
港の守り神

島ごとのビミョーな違いをみつけるのも島はしごの楽しさ。例えば狛犬、かなり表情ゆたかです。

6

本島

日生港

粟島

真鍋島

与島

島によって
猫の性格も
違います

男木島

シーカヤックで海の上を
歩くように散歩するのも
気持ちいい

小豆島

高見島

女木島

男木島

港から笠岡諸島、香川の佐柳島、高見島を通って多度津港をつなぐルート。瀬戸大橋ができる以前、橋の代わりに岡山と香川をつないでいた生活航路の名残りです。

小さな島がぽこぽこと点在していて、一見バラバラに見えるけれど、島と島をつなぐように旅してみると、目には見えない海の道が見えてきます。そうやって自分流の「島はしご」プランを組み立てながら歩くのが、近くて小さな島がつらなる備讃瀬戸の醍醐味。

その際、陸の旅より少しスピードを緩めて、のんびり行くのが海の旅のコツです。ぽっかり空いた待ち時間、お店もコンビニもない島で過ごす白紙の体験、そんな旅の"隙間"にこそ、すてきな出会いが待っています。

いろんな島を
はしごして
みてね！

島の美味しいごはん
いただきます！

小豆島

カヤックツアーのランチは
たこ飯でした

男木島

おっきなイイダコの丸ごと煮。
どこから食べよう…。

ワイルドな島ごはん

取材でお世話になった島の人たちにいただいた島ごはん。
茹でる、焼く、素材がいいから、それだけで絶品。

冬の島で飲んだ甲羅酒の味、
忘れません！

鹿久居島

目の前の海で獲ったカニを囲炉裏でいただく。

7

港から島へのアクセス

島へ渡るのは船。島旅の基本は船の旅です。
もっともアクセスがいいのは高松港。ここを起点に島へ、そして島から島へ。
コツはのんびりあわてないこと。ゆったりしたスケジュールで移動しましょう。

1. 高松 ⟷ 直島(宮浦)
2. 宇野 ⟷ 直島(宮浦)
3. 宇野 ⟷ 直島(本村)
4. 直島(宮浦) ⟷ 豊島(家浦) ⟷ 犬島
5. 高松 ⟷ 直島(本村) ⟷ 豊島(家浦)
6. 宇野 ⟷ 豊島(家浦) ⟷ 豊島(唐櫃) ⟷ 小豆島(土庄)
7. 高松 ⟷ 女木島 ⟷ 男木島
8. 高松 ⟷ 小豆島(土庄)
9. 高松 ⟷ 小豆島(池田)
10. 高松 ⟷ 小豆島(草壁)
11. 神戸(三宮新港) ⟷ 小豆島(坂手)→高松(東港)
12. 姫路 ⟷ 小豆島(福田)
13. 岡山(新岡山港) ⟷ 小豆島(土庄)
14. 岡山(日生) ⟷ 小豆島(大部)
15. 岡山(宝伝) ⟷ 犬島
16. 高松 ⟷ 大島
17. 高松 ⟷ 宇野
18. 丸亀 ⟷ 牛島 ⟷ 本島
19. 多度津 ⟷ 高見島 ⟷ 佐柳島
20. 詫間(須田・宮の下) ⟷ 粟島 ⟷ 志々島
21. 丸亀 ⟷ 広島(江の浦・青木) ⟷ 小手島 ⟷ 手島
22. 観音寺 ⟷ 伊吹島
23. 岡山(日生) ⟷ 鹿久居島
    岡山(日生) ⟷ 鴻島 ⟷ 頭島 ⟷ 大多府島
24. 岡山(笠岡諸島旅客船乗り場) ⟷ 白石島 ⟷ 北木島(大浦) ⟷ 真鍋島(本浦)
25. 岡山(伏越港) ⟷ 白石島 ⟷ 北木島(豊浦・金風呂)
26. 岡山(伏越港) ⟷ 北木島(豊浦・金風呂)
27. 岡山(伏越港) ⟷ 白石島
28. 真鍋島(岩坪) ⟷ 佐柳島(本浦)
29. 岡山(笠岡諸島旅客船乗り場) ⟷ 神島外浦 ⟷ 高島 ⟷ 白石島 ⟷ 北木島(楠・大浦) ⟷ 真鍋島(本浦・岩坪)
30. 岡山(笠岡諸島旅客船乗り場) ⟷ 神島外浦 ⟷ 高島 ⟷ 小飛島 ⟷ 大飛島(北浦・洲) ⟷ 六島(湛江・前浦) ⟷ 真鍋島(本浦)

JR坂出駅前 ⟷ 与島 ⟷ 岩黒島 ⟷ 櫃石島 ⟷ JR児島駅

小豆島

Shodoshima

オリーブの島でおなかも心も満腹

小豆島は、瀬戸内海で2番目に大きな島。新鮮な山海の幸はもちろん、日本で最初に栽培に成功したオリーブや、400年の歴史をもつ醤油やそうめんなど、美味しいもの天国。四季折々の美しい自然とともに、心とからだで味わって。

オリーブの島ならではの小豆島イタリアン

瀬戸内の魚介のアクアパッツァ

食材の豊かさに惚れ込んで小豆島に移り住んだというシェフ。旬の地魚や野菜はもちろん、特に晩秋は絞りたての小豆島産オリーブで本格イタリアンが味わえると遠方からのリピーターも多い。海を見下ろす景色も魅力。

りすとらんて ふりゅう
Ristorante FURYU
🏠香川県小豆郡小豆島町草壁本町872-2 ☎0879-82-2707 🕐11:30～14:30、17:30～21:00（要予約）休木曜、第1・3水曜 🅿あり 🚌草壁港から徒歩5分
M 32P E-3

小豆島・沖ノ島

島の恵みを味わう

小豆島へ着いたら、まずは島の幸を存分に味わいたい。
そんな願いを叶えてくれるお店をご紹介。
海の幸も、山の幸も、お店の人たちの飾らない笑顔と一緒に味わって。

旬の魚介を豪快に味わいたいならここ!
ひしお丼 （1,030円）

店内の壁を埋め尽くす手書きメニューは圧巻。漁師から直接仕入れる魚介を使った料理はどれも新鮮＆ボリューム満点。地元の常連客も多く、毎日賑わっている。たこの唐揚げ定食（1,030円）や亀の手（520円）も人気。

坂手港から歩いてすぐ

おおさかや
大阪屋
🏠香川県小豆郡小豆島町坂手甲171-29 ☎0879-82-2219 営11:00～16:00 休水曜（繁忙期は営業）、年末年始（元旦除く）Pあり 交坂手港から徒歩1分 M32P E-3

漁師直売店ならではの踊るアワビ
あわびの姿焼 （1,500円）

島で獲れた活きアワビをその場で焼いて、バターとコショウ、醤油を一滴。プリプリの身と磯の香りがたまらない。名物あなご丼（950円）や焼きイカ（400円）、サザエ壺焼（450円）も人気。持ち帰りにして船内で楽しむことも。

季節によって変わる旬の味も見逃せない！

うめもとすいさん りょうしきょうどうちょくばいてん
梅本水産 漁師共同直売店
🏠香川県小豆郡小豆島町福田甲1196-56 ☎0879-84-3383 営10:00～17:00（売店8:00～）休不定休 Pあり 交福田港切符売り場横 M32P E-1

寿司に天ぷら、瀬戸内の魚を思う存分
にぎり定食 （1,700円・税別）

お寿司はもちろん、定食、丼もの、おまかせコースまで、いろんな形で瀬戸内の魚料理を堪能できる店。人気のにぎり定食は、お寿司に天ぷら、小鉢、汁物と満足度大。お座敷や個室があるので、家族連れでもゆっくりくつろげる。

絶品特製ソースがけの黒毛和牛ステーキ

ふるさとりょうり せんやすけ
ふるさと料理 鮮「弥助」
🏠香川県小豆郡土庄町淵崎甲2078-11 ☎0879-62-2675 営11:00～14:00（LO13:30）、17:00～21:00（LO20:30）休火曜（月1回連休あり、不定休）Pあり 交土庄港から坂手線バス停「八幡橋前」下車徒歩7分、車で10分 M33P B-3

島の湧水で炊く絶品おにぎり
棚田のおにぎり定食 （1,080円）

日本の棚田百選に選ばれた中山の千枚田に囲まれた食堂。地元のお米を使い、毎朝炊きたてを一つひとつ丁寧に握るおにぎりはやさしい味わい。旬の野菜や地魚と一緒に定食で。古民家を改装した店内もどこか懐かしくほっとする。

こまめしょくどう
こまめ食堂
🏠香川県小豆郡小豆島町中山1512-2 ☎0879-75-0806 営11:00～17:00 休火曜 Pあり 交土庄港から大鐸線バス停「春日神社前」下車目の前、車で約15分 M32P C-2

小豆島の旬な食材を使い、新鮮な旨みをいかしたシンプルだけどひと手間かけた島ごはん

11

お宿で味わう 贅沢ごはん

こだわりの島食材と繊細な技でもてなす料理自慢のお宿が勢揃い。至福の時間が待っています。

小豆島・沖ノ島

女性に人気、ヘルシーなお肉
オリーブ牛のステーキ

オリーブ牛はオリーブの絞り果実を飼料に配合した小豆島発祥のブランド牛。口の中でほどける柔らかさとさわやかな旨みはオレイン酸効果。地産地消のこだわりコースでどうぞ。

ちぇれすてしょうどしま
チェレステ小豆島
住 香川県小豆郡土庄町甲1462 ☎0879-62-5015 交 土庄港から西浦線バス停「鹿島」下車徒歩5分、土庄港から車で5分 M 33P B-3

1泊2食 18,000円〜。食事のみ可（単品2,000円〜、コース4,000円〜。昼夜要予約）

醤の郷でいただく島の味
醤油会席

刺身や生野菜を4種類の醤油で食べ比べ。島で育った旬食材の滋味深い味わいをひしおの旨みが引き立てる。晩秋〜冬は島産の初摘みオリーブオイルを使った料理にリピーター多し。

しまやど まり
島宿 真里
住 香川県小豆郡小豆島町苗羽甲2011 ☎0879-82-0086 交 坂手線バス停「丸金前」下車、徒歩5分。草壁港から車で10分 M 32P E-3

1泊2食 23,500円〜。食事のみ可（昼3,500円〜、夜7,500円〜。昼は木〜日曜のみ、いずれも要予約）

小豆島・沖ノ島

ぜひ恋人と一緒に味わいたい
エンジェル会席

モチモチ感が楽しい半生そうめんなど島食材を恋人の聖地「エンジェルロード」にちなんだ和と洋のマリアージュで。眼前にエンジェルロードを眺めながら大切な人と味わいたい。

しょうどしまこくさいほてる
小豆島国際ホテル

香川県小豆郡土庄町甲24-67　0879-62-2111　土庄港から西浦線バス停「国際ホテル」下車すぐ、土庄港から車で7分　33P B-3

1泊2食 14,040円～

小豆島の味覚を欲張りに
瀬戸内旬彩バイキング

島の醤油で仕上げたパエリアや、その場で握ってくれるもろみ醤油の漬け寿司など、地元食材を使った約50種のメニューが並ぶ。青い海を一望するレストランで楽しんで。

りぞーとほてる おりびあんしょうどしま
**リゾートホテル
オリビアン小豆島**

1泊2食 12,960円～

香川県小豆郡土庄町屋形崎甲63-1　0879-65-2311　土庄港から送迎バスあり(1日8便、要予約)、土庄港から車で15分　32P C-2

小豆島 沖ノ島

そうめんの技が活きる小豆島流うどん
手延べのうどん (500円)

讃岐うどんが「手打ち」なら、小豆島のうどんは「手延べ」。そうめん職人が手で延ばして作るうどんは、やや細め。ぷりっとした強いコシに、独特の丸くて滑らかなのど越しが魅力だ。混雑時はメニューになければ一声かけて。

しょうどしまてのべそうめん さくべえ
小豆島手延べそうめん　作兵衛

(住)香川県小豆郡小豆島町池田3936 (電)0120-62-5334 (営)10:00〜16:00(売店9:00〜17:00) (休)不定期(月1回日曜休み) (P)あり (交)池田港から坂手線バス停「丸山」下車徒歩12分、池田港から車で約5分 (M)32P C-3

手延べのうどんはゆで時間が25分程かかる場合も。そうめんの箸分け体験も可(要予約)

島麺対決
メイドイン小豆島な麺が勢揃い

そうめんの産地として知られる小豆島ですが、
ここ数年、めん類が何やら熱いのです。
麺食いな島のオリジナリティあふれる麺料理を召し上がれ。

小豆島産煮干と醤油の絶品ラーメン
醤そば(ひしお) (700円)

島で獲れたカタクチイワシでじっくり煮込んだ自慢のスープは、風味豊かな小豆島産醤油が決め手。サワラの旨味たっぷりの限定メニュー「岬そば」も楽しめる。エンジェルロードが見えるテラス席も人気の秘密！

しょうどしまらーめんひしお　しょうどしままえんじぇるろーどてん
小豆島ラーメンHISHIO
小豆島エンジェルロード店

(住)香川県小豆郡土庄町甲24-18 (電)0879-62-7551 (営)11:00〜14:00、17:00〜21:00 (休)不定休 (P)あり (交)土庄港から西浦線バス停「国際ホテル」下車、徒歩1分 (M)33P B-3

醤そばを注文したお客様は替え玉サービス。お腹いっぱい心ゆくまで楽しめます！

小豆島・沖ノ島

やわらかいオリーブ牛と麺のコシが絶妙
肉ぶっかけ（小520円 大620円）

小豆島の食材や調味料にこだわったアイデアメニューが人気で、地元の人も多く通う店。中でも肉ぶっかけ＆肉うどんには小豆島発祥のオリーブ肉を贅沢に使用。コシのある麺との相性はバツグン。島愛たっぷりのうどんに何度でも足を運びたくなる。

<small>おおみねのうどんやさん</small>
おおみねのうどん屋さん

住香川県小豆郡土庄町甲5164 ☎0879-62-1147（事務所）営11:00～14:00（なくなり次第終了）休水曜 Pあり 交土庄港から徒歩6分 M33P B-3

家庭で楽しめる冷凍うどんや生うどんの種類も豊富。地方発送も可

パスタとそうめんのいいトコどり
ナスとベーコンの まろやかトマトソースパスタ（930円）

デュラム粉をそうめんの製法で仕上げたオリジナルの手延べパスタは、もっちりとコシがあるのにのどごしは滑らか。オリーブ農園が営むカフェでこだわりのオリーブオイルと一緒に味わって。アヒージョ等がついた特別セットも人気。

<small>かふぇ ちゅうざえもん</small>
カフェ 忠左衛門

住香川県小豆郡小豆島町池田2267-5（井上誠耕園内）☎0879-75-0282 営平日10:00～17:00 土日祝10:00～18:00 休無休（ただし12～3月は火曜定休）※年末年始は別途お知らせ Pあり 交土庄港から安田町経由福田港行きバス停「小豆島町役場池田庁舎前」下車徒歩15分 池田港から車で10分 M32P C-3

人気のテラス席からはオリーブ畑と瀬戸内海を眺めながら食事を楽しめます

新食感！島でしか味わえないそうめん
<ruby>生<rt>なま</rt></ruby>そうめん（500円～）

製麺所でいただく乾燥前の生そうめんは、産地だから味わえる隠れた逸品。もちもちと弾力があり、乾燥麺とはまったく違う食感が楽しめる。お土産にもオススメ（クール便使用）。工場ではそうめんの箸分け体験も（要予約）。

<small>なかぶあん</small>
なかぶ庵

住香川県小豆郡小豆島町安田甲1385 ☎0879-82-3669 営10:00～16:00（L.O.15:30頃、なくなり次第終了）、箸分け体験10:00～14:00（要予約）休月曜、年末年始（月曜祝日の場合、翌日休み）Pあり 交草壁港から車で約10分 M32P E-3

自家製オリーブを使ったオリーブそうめんやオリーブオイルも販売しています

ランチ

小豆島がぎゅっと詰まった和食ランチ
自家製のオリーブオイルや小豆島の旬の食材を使った創作料理が自慢。色とりどりの料理が少しずつ味わえる「野の花弁当」は女性ファン多し。木漏れ日が心地いい店内で贅沢な時間を。

<small>そうさくりょうり ののか</small>
創作料理 野の花
🏠香川県小豆郡小豆島町室生892-1 ☎0879-75-2424 🕐11：45～14：00（13：30L.O）、18：00～21：30（夜は要予約）休水曜、第3火曜、不定休あり Pあり 🚌土庄港から坂手線バス停「赤坂」下車徒歩3分、車で約20分 M32P D-3

野の花弁当1,280円、夜はおまかせコース4,000円～（税別）

島人たちの 行きつけ

美味しいものを食べたいなら、島の人に聞くのが一番。
地元で愛されて続ける味を集めました。

小豆島・沖ノ島

福田港で50年！
地元の胃袋を満たす味
開港当初から地元に愛され続けている食堂。名物は通称「真っ黒おでん」。島の醤油を毎日継ぎ足してつくる出汁が、具の芯までじっくり染みている。日替わり定食やカツ丼も人気。

<small>きはらしょくどう</small>
木原食堂
🏠香川県小豆郡小豆島町福田1181-1 ☎0879-84-2801 🕐9：00～19：00 休不定休 Pあり 🚌福田港から徒歩3分 M32P E-1

日替わり定食600円（写真は豚生姜焼き定食）
おでん1個100円

季節のパスタ800円～、夜はコース2,100円～

野菜も魚も鮮度が違う！ 島パスタ
気軽に食事やお酒が楽しめるイタリアン＆スペインバル。ランチのパスタメニューは素麺に替えることも可。夜のタパスは約20種類。島食材のアヒージョはお酒もすすむ。

<small>ばる てぃな</small>
BARU TINA
🏠香川県小豆郡土庄町淵崎甲2134-3 ☎0879-62-0890 🕐11：00～14：00、17：30～22：00 休第1・3・5月曜 🚌土庄港から坂手線・福田線等バス停「八幡橋前」下車、徒歩2分。土庄港から車で8分 M33P B-3

夜ごはん

煮物にコロッケ、お惣菜がずらり
創業32年。自家製ソースが染みる「みそカツ」は、店主が修行した名古屋仕込みの自信の逸品。カウンターには20種類の大皿料理が並ぶ。予約すればお造りも（5人前～）。

<small>きっちん くいしんぼ</small>
キッチン くいしんぼ
🏠香川県小豆郡小豆島町片城甲44-261 ☎0879-82-3939 🕐17：00～22：00 休月曜 Pあり 🚌草壁港から徒歩約15分 M32P E-3

味噌かつ定食1,000円、コロッケ150円、メンチカツ500円

16

小豆島・沖ノ島

コロッケ（90円）、揚げもの、惣菜など各種あり

テイクアウト

愛され続ける島のパン屋さん

かわいいレトロなパッケージが目印。昭和23年の創業以来変わらないフカフカの生地と優しい甘さが魅力。小豆島行きフェリーの船内売店や島内の商店等で買える。

ふちざきせいぱんじょ
淵崎製パン所

住香川県小豆郡土庄町淵崎甲839 ☎0879-62-0363 営7:00～19:00 休日曜 M33P B-3

岡田屋商店にもありますよ

1個110円～

新鮮な魚と作りたてのお惣菜が自慢

「新鮮なお魚ならここ！」と地元はもちろん、島中からお客さんが訪れる店。揚げたてのコロッケなどお惣菜も充実。立ち寄れば島のおっちゃん、おばちゃんに必ず会える。

おかだやしょうてん
岡田屋商店

住香川県小豆郡土庄町肥土山1866 ☎0879-62-0702 営8:30～20:00 休第3日曜 Pあり 交土庄港から大鐸線バス停「肥土山」下車徒歩3分、土庄港から車で約12分 M32P C-2

小豆島産オリーブオイルで味わう本格石窯ピザ

シンプルだからこそ素材の旨さが際立つ本格ピザ。小豆島育ちのフレッシュな食材をモッチリ生地で味わって。人気の手づくりスイーツはテイクアウトも可。平日はランチセットもあり。

かふぇあんどだいにんぐ　おあしす
cafe&dining OASIS

住香川県小豆郡土庄町上庄1953-7 ☎0879-62-2495 営11:30～14:00、17:00～21:00（L.O20:30）、カフェタイム14:00～17:00 休月曜（祝祭日は翌日）、第3火曜 Pあり 交西浦線バス停「合同庁舎」下車、徒歩2分。土庄港から車で8分 M33P B-3

BBBバーガー（350円）

オシャレなワゴンが目印、こだわりの島ハンバーガー

看板メニューは、ふっくらバンズと国産肉のパテに自家製トマトソースをあわせた「BBBバーガー」。オリーブ牛に特製もろみソースをあわせた「小豆島バーガー」もオススメ！

ぶるー　びーと　ぶらんど　かふぇ
Blue Beat Bland café

住香川県小豆郡土庄町甲1360-77（マルナカ駐車場内）☎080-3922-2195 営10:30～19:00 休木曜 Pあり 交土庄港から西浦線バス停「マルナカ前」下車、徒歩1分。土庄港から車で約5分。M33P B-3

ピザ（1,000円～）

17

ランチセット（サラダ、ドリンク付1,000円～）

島カフェ

島旅の途中にちょっとひといき。
酒蔵や手づくり風車のカフェ、
自家製野菜のランチなど、
小豆島のカフェは個性派揃い。
お店の人とのおしゃべりも
うれしいおみやげに。

各種クッキー 210円～、スコーン 170円

ゆったり時が流れる風車小屋のパンケーキ

瀬戸内海を一望できる丘の上に建つ、手作りの風車小屋。約15種類のトッピングが選べるモチモチ生地のオランダ風パンケーキとオランダ式の本格コーヒーが味わえる。

だっちかふぇ　きゅーぴっど・あんど・ことん
Dutch Café Cupid&Cotton

🏠香川県小豆郡小豆島町西村乙1765-7　☎0879-82-4616　⏰11:00～17:00（LO16:30）、ランチ11:00～13:30　休水、木曜　Pあり　交草壁港から坂手線・南回り福田線バス停「オリーブ公園口」下車、徒歩15分。草壁港から車で10分　M32P D-3

ほっと笑顔にさせてくれるお菓子

魚に猫にどんぐり。愛くるしい姿のクッキーは体に優しい素材でつくられ、口に運べば体も心もほっとする。カフェスペースでは店内に並ぶ本を手にゆっくりくつろぐことも。

うみねこかしや
うみねこかしや

🏠香川県小豆郡小豆島町苗羽甲1422-1　☎0879-82-4838　⏰11:00～18:00　休月～木曜　Pあり　交草壁港から坂手線・南回り福田線バス停「苗羽」下車、徒歩1分。草壁港から車で8分　M32P E-3

うたたね御膳〈1,080円〉

酒粕グラタン（1,000円）

チキンカレー＋サラダ（750円）

海の見えるのんびり島時間カフェ

古民家をリノベした店内は、手づくりの温もりが心地いい。島食材を使った野菜中心の料理や、自家製シロップのドリンク＆手づくりスイーツでまったりとした時間を過ごせる。

たこのまくら
タコのまくら

🏠香川県小豆郡小豆島町池田1336　☎0879-62-9511　⏰11:30～17:00ごろ　休火、水、木曜　Pあり　交池田港から坂手線・南回り福田線バス停「平木交差点」下車、徒歩10分。池田港から車で約3分　M32P C-3

島唯一の酒蔵が営むカフェ＆バー

酒蔵ならではの料理は蔵元のおばあちゃんの手作り。具だくさんの粕汁が味わえる杜氏のまかない飯（1,000円）や、醤油風味の薄焼きピザ（800円）、日本酒カクテルも楽しめる。

もりくにしゅぞう　ぎゃらりーあんどかふぇばー
森國酒造 ギャラリー＆カフェバー

🏠香川県小豆郡小豆島町馬木甲1010-1　☎0879-61-2077　⏰ショップ9:00～17:00、カフェバー11:00～17:00（夜は予約のみ。前日まで要予約）　休木曜　Pあり　交草壁港から坂手線・南回り福田線バス停「馬木」下車、徒歩5分　M32P E-3

旬の野菜が食べられる農家カフェ

農家を営むご夫妻が週2日だけ開くカフェ。チキンカレーには自慢の採れたて野菜を使ったサラダがたっぷり。島素材の焼き菓子やこだわりコーヒーもおすすめ。野菜の購入も可。

ほーむめいかーず
HOMEMAKERS

🏠香川県小豆郡土庄町肥土山甲466-1　☎0879-62-2727　⏰11:00～17:00　休日～木曜　Pあり　交土庄港から大鐸線バス停「肥土山」下車、徒歩10分。土庄港から車で約15分　M32P C-2

小豆島・沖ノ島

町並みさんぽ

迷えば迷うほど楽しい
迷路のまち

土庄港から徒歩15分、「迷路のまち」と呼ばれるエリアがあります。その名の通り、くねくねと細い路地に足を踏み入れると、すぐに行き止まり。南北朝時代に海賊や敵の侵入を防ぐため、あえて路地を不規則に走らせたのだとか。まちの中には、昭和レトロな看板や、昔の米倉庫など古い建屋の良さを残しながら、明治時代の古い呉服屋の蔵をリノベーションした現代アートのギャラリーなどの新スポットも。新旧が混在するおもちゃ箱のようなまちにぜひ迷い込んでみて。

島カレー（650円）

まちがまるごとミュージアムに

迷路のまちに点在する古い蔵等を活用した4つの施設では、現代アートや小豆島をテーマにした様々な企画展を展開。カフェでは島カレーや手づくりスイーツが人気。定期的にマルシェも開催しています。

めいぱむ
MeiPAM

香川県小豆郡土庄町甲405　☎0879-62-0221　10:00～18:00　休水曜　共通鑑賞券1000円　Pあり　土庄港から各線バス停「土庄本町」下車、徒歩2分　M33P B-3

\ 2015年 夏 /
新館オープン

島旅のホームベース

MeiPAMの新館「セトノウチ」は、小豆島の見所や瀬戸内の情報を集めた「旅のソムリエ」デスクや、島めし屋、お土産店を併設した新しい島旅の拠点。瀬戸内の楽しみ方が広がります。

小豆島 沖ノ島

五感で楽しむ オリーブの島

日本のオリーブ栽培発祥地として知られる小豆島。5月下旬から6月上旬には星型の小さな花が島中を白く染め、晩秋から冬には初搾りオイルが楽しめます。ここでは味わうだけじゃない、オリーブの島の楽しみ方をご紹介します。

100年のオリーブの森でアートに触れる

小豆島でオリーブ栽培が始まったのは今から100年以上前。小豆島オリーブ園には、島で最古のオリーブの原木が今も大切に育てられています。せっかく小豆島へ来たなら、旅の足をゆるめて、このオリーブの森をのんびり歩いてみませんか。

園内を歩いていると、カラフルなオブジェに出会います。これは20世紀を代表する彫刻家、イサム・ノグチが子どもたちのためにつくった遊具彫刻。彼はかつて小豆島を訪れ、この島の石で作品をつくりました。作品「桃太郎 momotaro」※は、島でみつけた石があまりに大きく割って持ち帰ろうとしたところ、石の中に大きな空洞があったところからその名がついたとか。園内のギャラリーにはイサム・ノグチの関連本などもあるので立ち寄ってみるのもおすすめです。

※ Storm King Art Center 所蔵（ニューヨーク）

イサム・ノグチの遊具彫刻

20

小豆島・沖ノ島

オリーブの森でアートなひとときを

3ヘクタールの園内には日本最古のオリーブの原木が現存。イサム・ノグチの遊具彫刻や、AKARIシリーズ等の展示ギャラリー「ARTETRA（アルテトラ）」でアートな感性に触れて。

しょうどしまおりーぶえん
小豆島オリーブ園

住 香川県小豆郡小豆島町西村甲2171 ☎0879-82-4260 営 8:30〜17:00 休 無休 P あり 交 池田港から坂手線・南回り福田線バス停「オリーブヶ丘」下車すぐ。池田港から車で約10分 M 32P D-3

オリーブを使ったベビーオイルは敏感肌にも安心。パッケージがかわいいのでお土産にも（2,590円）

レストランではひしお丼（900円）が人気、地中海風ロッジからは瀬戸内海を一望

つくって、食べて、泊まれるオリーブの複合施設

約2千本のオリーブ畑やレストラン、売店、ハーブ園や温泉、宿泊施設が集まるオリーブの複合施設。オリーブやハーブを使った体験メニューが充実。秋にはオリーブの収穫体験も。

みちのえき　しょうどしまおりーぶこうえん
道の駅 小豆島オリーブ公園

住 香川県小豆郡小豆島町西村1941-1 ☎0879-82-2200 営 8:30〜17:00（公園）、9:00〜21:00（温泉）休 無休（温泉は水曜）P あり 交 池田港から坂手線・南回り福田線バス停「オリーブ公園口」下車、徒歩約5分。池田港から車で約10分 M 32P D-3

小豆島・沖ノ島

小豆島産100％オリーブオイルの ぜいたくエステ
島宿エステ

小豆島産エクストラバージンオリーブオイルを使ったフィリピンの伝統的施術「ヒロット」はここだけ。冷えや詰まりを整え、オリーブの美容効果も。

しまやどまり
島宿 真里

🏠香川県小豆郡小豆島町苗羽甲2011 ☎0879-82-0086（要予約） Ｐあり 🚌坂手線バス停「丸金前」下車、徒歩5分。草壁港から車で10分 Ⓜ32P E-3

ヒロット（60分）9,000円～、アロマ（60分）8,000円～、ラクサ（60分）7,000円～

オリーブで きれいになる

ヨーロッパでは古くから"聖なるオイル"として美容や健康に用いられてきたオリーブ。そんなオリーブのパワーで、心もからだも癒されて。

フレッシュな島産オリーブを 食べてきれいに
オリーブごはん

島宿真里の隠れた人気メニューが「オリーブごはん」。オリーブの浅漬と一緒に土鍋で炊いたご飯に、小豆島産のエクストラオリーブオイルをたっぷりかけて。宿泊の朝食と会席料理の最後に登場します。

オリーブで染める島の色
オリーブ染め

小豆島出身の染織家・高木加奈子さんの工房。島のオリーブを使った草木染めは、柔らかな色合いと独特のつやが魅力。手づくりの「オリーブ島てまり」は全て一点もの。旅の記念や島土産にぴったりです。

おりーぶぞめこうぼう このはな
オリーブ染め工房 木の花

🏠香川県小豆郡小豆島町草壁本町439-1 ☎0879-82-5991 🕙10:00～17:00（毎月1～15日） 休毎月16日～月末 Ｐあり 🚌草壁港から徒歩10分、車で3分 Ⓜ32P E-3

オリーブ島手まり（2,000円～）、ヘアゴム（600円～）、ブローチ（1,000円～）

22

小豆島・沖ノ島

町並みさんぽ

醤の郷
ひしおのさと
400年以上受け継がれてきた島の味

小豆島は江戸時代から続く日本有数の醤油の産地。「醤の郷」と呼ばれるエリアには、昔ながらの木桶仕込みで醸す醤油蔵や佃煮工場が20余りも集まっています。レトロな黒壁の町並みを歩いていると、香ばしい醤油の香りがふんわり漂ってきます。美味しい香りに誘われて蔵見学はいかがでしょう。蔵を訪ね、作り手の話を聞けば、美味しさもまたひとしお。醤油を使ったソフトクリームやプリンなど、ご当地スイーツも楽しめますよ。

見学しよう！

醤油の歴史を見て、知って、味わって

国の有形文化財である醤油蔵を改装し、昔の醤油づくりの道具や製法を展示。併設ショップのオリジナル醤油ソフトクリーム（250円）も人気。

まるきんしょうゆきねんかん
マルキン醤油記念館
香川県小豆郡小豆島町苗羽甲1850　0879-82-0047　9:00〜16:30(7/20〜8/31、10/16〜11/30は16:30まで)　10/15（秋祭りのため）、年末年始　【見学】大人210円、小人100円　あり　草壁港から坂手線バス停「丸金前」下車すぐ、草壁港から車で10分　32P E-3

桶仕込みの醤油の伝統を伝える

100年以上の木桶が並ぶもろみ蔵は圧巻。蔵つきの天然の菌と人の手で醸す醤油は豊かな風味と味わいが特徴。自慢の醤油を使った醤油がけアイス（320円）も意外な美味しさ。

やまろくしょうゆ
ヤマロク醤油
香川県小豆郡小豆島町安田 甲1607　0879-82-0666　9:00〜17:00　9:00〜17:00　【見学】無料（予約なし可）　あり　草壁港から坂手線・南回り福田線バス停「安田上」下車、徒歩10分。草壁港から車で約10分　32P E-3

ベテラン職人が守るこだわりの味

「本物の佃煮の美味しさをしってほしい」と、島の醤油と厳選素材で昔ながらの直火で毎朝炊き上げる。見学者にはできたて佃煮を詰めた「マイ佃煮セット」のお土産も。

しょうどしましょくひん
小豆島食品
香川県小豆郡小豆島町草壁本町 491-1　0879-82-0627　10:00〜17:00　第2・4日曜、祝日(1〜3月は土曜も)　【見学】見学は無料、試食パックは300円（ただしできたて試食は午前中のみ、前日まで要予約）　あり　草壁港から徒歩8分、車で3分　32P E-3

自然を楽しむ
小豆島スナップ

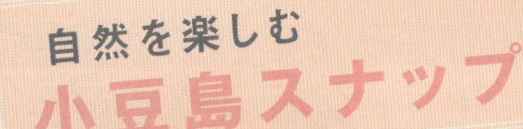

カメラは旅を楽しむアイテムの一つ。
そこで小豆島在住の「小豆島カメラ」の皆さんに、
オススメの島スナップを紹介してもらいました。
海も、山も、里も、小豆島は自然豊かな美しい島。
写真を手がかりに、四季折々の小豆島を訪ねてみてください。

中山の千枚田
なかやまのせんまいだ

日本棚田百選にも選ばれている美しい棚田。約800枚の田んぼが、山の上から波のように広がっている。のんびり散策するのもオススメ！

住 香川県小豆郡小豆島町中山1487番地 春日神社周辺 交 土庄港から大ぬで線バス停「春日神社」下車すぐ。土庄港から車で約20分。
M 32P C-2

小豆島で暮らす7人の女性で2013年に発足。観光地としての小豆島ではなくて、暮らす場所としての小豆島を美しい写真と言葉で綴っています。ウェブサイトには、小豆島を旅するヒントがいっぱい詰まっていますよ。http://shodoshima-camera.tumblr.com/

えんじぇるろーど

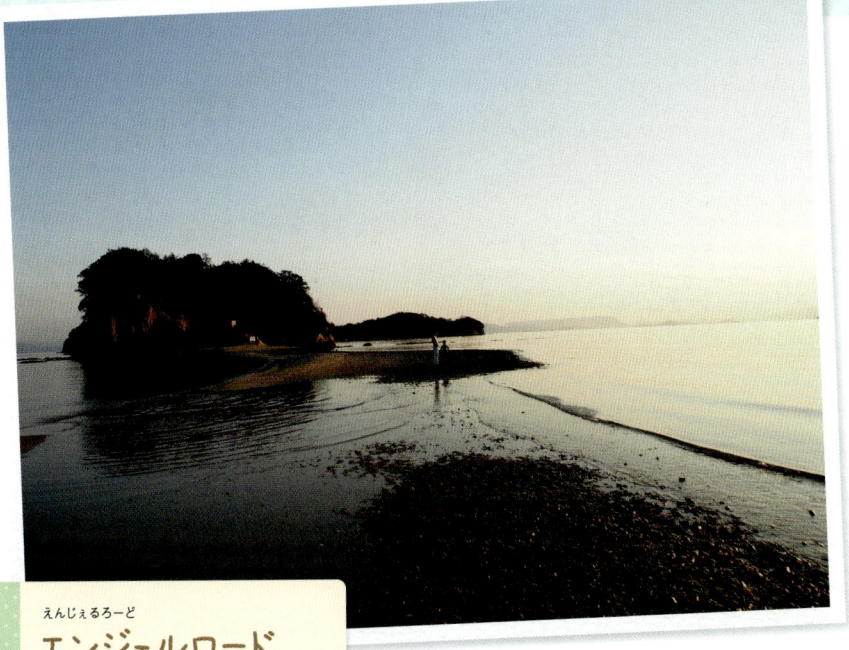

エンジェルロード

1日2回、干潮時間になると現れる砂の道。大小4つの島が繋がる。空が赤く染まる明け方や夕方に干潮を迎えた砂の道を渡るのがオススメ。※途中の岩場は足元が滑るので履物注意、タオル必要。

住香川県小豆郡土庄町銀波浦 ☎0879-62-7004（土庄町商工観光課）交土庄港から西浦線バス停「国際ホテル」下車すぐ。土庄港から車で10分。 M33P B-3

350年以上つづく肥土山(ひとやま)農村歌舞伎（毎年5月3日）は、島民が演じる手づくりの歌舞伎。

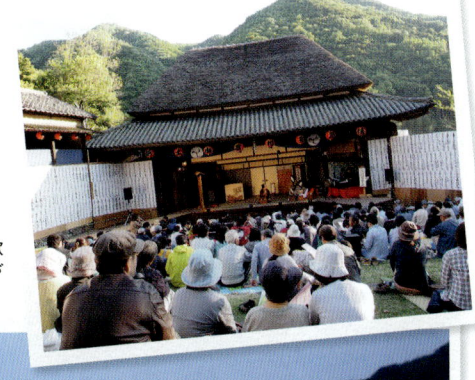

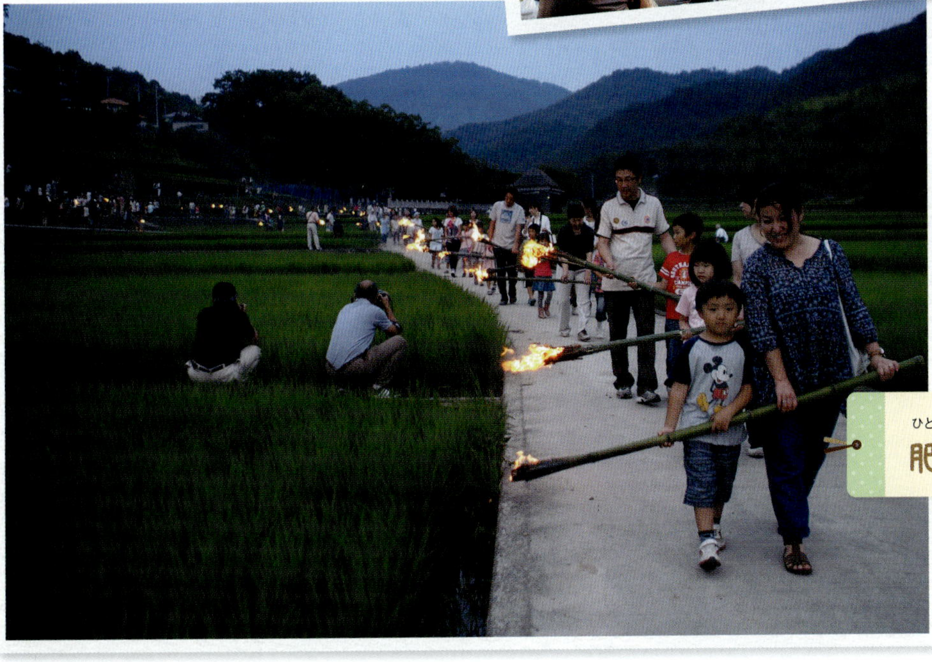

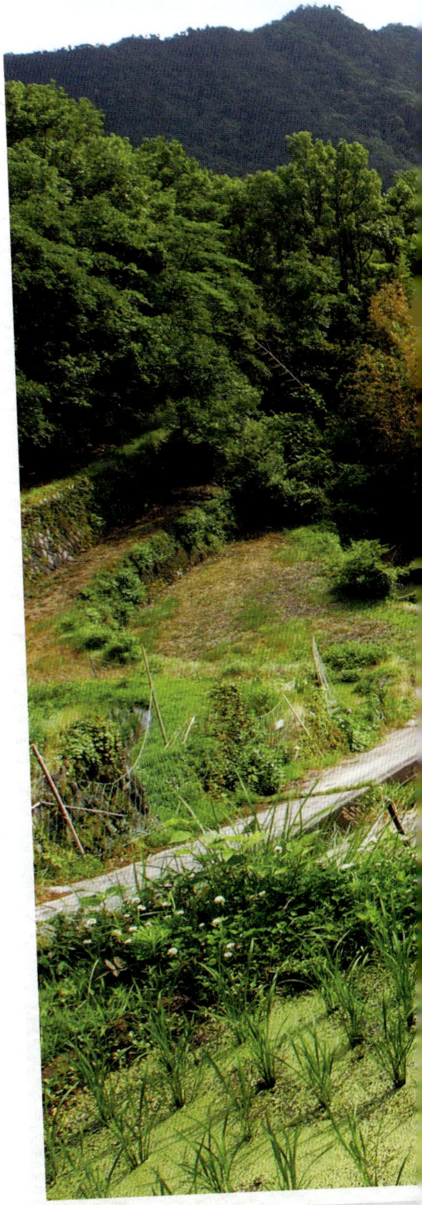

ひとやまのうそんかぶきとむしおくり

肥土山農村歌舞伎と虫送り

夏のはじめに行う虫送りでは、火手(ほて)と呼ばれる竹の松明(たいまつ)を田にかざしながら、あぜ道を歩き、害虫を退治して豊作を願います。

住香川県小豆郡土庄町肥土山字東甲2303番地 肥土山離宮八幡神社 交土庄港から大ぬで線バス停「肥土山農村歌舞伎前」下車すぐ。土庄港から車で約15分。 M32P C-2 ※31P参照

旧戸形小学校
<small>きゅうとがたしょうがっこう</small>

小豆島・沖ノ島

旧戸形小学校の目の前には美しい海岸があります。貝殻やシーガラスを拾ったり、海を眺めたり、穏やかな時間を過ごせます。

🏠 香川県小豆郡土庄町甲3417　旧戸形小学校（現：戸形公民館）🚌 土庄港から西浦線バス停「小瀬」下車すぐ。土庄港から車で約10分 Ⓜ 33P A-3

4月～5月5日までは鯉のぼりが海の上を泳ぎます。

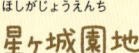

星ヶ城園地
<small>ほしがじょうえんち</small>

星ヶ城山の山道はまっすぐ伸びる木々の隙間を抜ける光が神秘的。木々の温もりや呼吸が聞こえてきそう。東峰山頂の古い石積は目の前の絶景とあいまって異国のようです。

🚌 草壁港から寒霞渓線バス停「紅雲亭」下車、寒霞渓ロープウェイで約5分、登山口まで約3.2km。草壁港から車で約30分。寒霞渓ロープウェイ（Ⓜ 0879-82-2171、片道750円、年中無休）Ⓜ 32P E-2

26

小豆島 沖ノ島

小豆島霊場第18番札所 石門洞
しょうどしまれいじょう18ばんふだしょ　せきもんどう

小豆島八十八カ所霊場の山岳霊場の1つ。本堂は、岩壁にある洞窟を利用して建てられたもの。途中には名前の由来の大きな石の門も。寒霞渓・裏8景の散策道の途中にあります。

🏠香川県小豆郡小豆島町神懸通り　🚌草壁港から寒霞渓線バス停「猪ノ谷」下車、徒歩約10分　M 32P E-2

小豆島霊場第2番札所。本堂は洞窟の中にあり、天然の洞窟の中で焚く神秘的な護摩修行が体験できます。参道から一望できる内海湾は、古来島外からの人が行き交った海運業の要所。不思議と心に刻まれる風景です。

🏠香川県小豆郡小豆島町苗羽甲2254　🚌坂手港から徒歩約50分、車で約10分　M 32P E-3

小豆島霊場第2番札所 碁石山
しょうどしまれいじょう2ばんふだしょ　ごいしざん

飯神山
いかみやま

三都半島の付け根あたりにある標高237mの山。二面地区の二生公民館を東へ、山道入口から細い山道を歩いて山頂まで約40分。海と山が一面に広がる絶景。半日で楽しめるトレッキングコースです。※ロープを使用する急な坂道もあります。

🚌坂手港から徒歩約50分、車で約10分　M 32P D-3

27

小豆島／沖ノ島

新旧競演! 日本映画のテーマパーク
映画村が面白い

瀬戸内海を見渡す1万㎡の広大な敷地に、名作「二十四の瞳」のオープンセットを中心に公開されている映画村。近年は映画「八日目の蝉」や、CM・ドラマの撮影にも利用され、人気の劇団の芝居公演やイベントも開催されています。

> 昭和を代表する映画監督
> **木下惠介の世界**

昔なつかしい木造校舎にタイムスリップ
岬の分教場

「二十四の瞳」の主人公、大石先生と子どもたちのシーンが撮影された木造校舎。黒板、教壇、小さな机と椅子など、世代を超えて郷愁を感じます。窓から美しい播磨灘が見える。

タイルの装飾がレトロな雰囲気

昭和30年代の映画館がよみがえる
ギャラリー松竹座

エントランスに飾られた往年の映画スターのブロマイドに、今をときめく監督や役者のコメント入りサインが華やか。ホールでは昭和29年に公開された「二十四の瞳」(監督：木下惠介・主演：高峰秀子)を常時上映。香川ゆかりの俳優が3D映像で切符売りとして迎えてくれる。

往年のスター、あの名場面を、パネルで展示
シネマ・アートウォール

映画村の壁面に、日本映画黄金期の名場面をパネルで展示した「壁面パネルアート」。「愛染かつら」「東京物語」など、往年のスターが並ぶ全長54mのパネルは圧巻。

上原謙、石原裕次郎などの映画スターのパネルが勢揃い

見どころいっぱい、何度訪れても楽しい
にじゅうしのひとみえいがむら
二十四の瞳映画村

「二十四の瞳」の原作者・壺井栄の生原稿などを展示した壺井栄文学館を始め、日本映画の歴史を伝えると共に、今も撮影のセットとして映像関係者に利用され、イベントが楽しめる施設。

住 香川県小豆郡小豆島町田浦 ☎0879-82-2455 営9:00～17:00、(11月は8:30～17:00) 休無休 ¥[入村料]一般750円、小学生350円 (岬の分教場セット券一般830円、小学生390円) Pあり 交草壁港または坂手港から坂手線・南回り福田線バス停「映画村」下車すぐ。車で草壁港から25分、坂手港から20分 M32P D-4

写真提供：松竹株式会社

小豆島 沖ノ島

NEW

©2011映画「八日目の蝉」製作委員会

話題の映画の企画展も
映画＋お楽しみ

映画村ならではの展示とご当地グルメ
Café シネマ倶楽部

「八日目の蝉」の衣装や小道具が展示された店内で、瓶入り牛乳とアルマイトの器がなつかしい昭和の「給食セット」、特産品を使ったご当地グルメ「ひしお丼」などが名物。

カリカリ豚ともろみのひしお丼（850円）

給食セット（890円）

おみくじに書かれたシェイクスピアのセリフが運勢を占う。

映画村まで最短コースの渡し舟
渡し舟 （期間：4/1〜11/30）

主人公大石先生が岬の分教場に通った通勤航路を渡し舟でたどる。オリーブ・ナビ桟橋から映画村まで10分という便利さ！渡し舟と映画村のお得なセット券あり。

☎0879-82-2455 [運航時間]9:00〜16:30 [休]水・木曜日（GW・夏季・11月を除く）[¥]大人500円、小人250円 ※天候等によって欠航の場合あり ※オリーブ・ナビ桟橋に無料駐車場あり

若者に人気のパワースポット
二十四の瞳天満宮

太宰府天満宮より御霊分けされた二十四の瞳天満宮は、映画村の鎮守として、またパワースポットとしても注目。撮影に利用されることも多く、夜間のライトアップ（8/1〜8/10）がロマンチック。

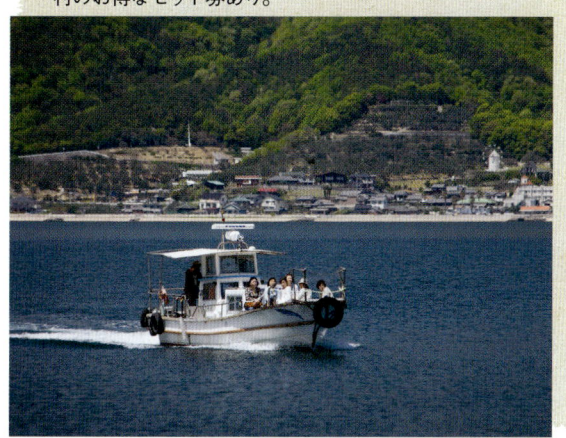

ろけちめぐり
ロケ地巡り

感動! あの名シーンを思い出す

「二十四の瞳」を始め、映画のロケ地としても注目される小豆島。映画「八日目の蝉」の舞台になった寒霞渓や中山の千枚田、小豆島オリーブ公園には「魔女の宅急便」のロケセットを使ったお店も。島のいいとこどりが楽しめます。

小豆島観光協会のHPから「魔女の宅急便」ロケ地MAPがダウンロードできます。ロケ地巡りの参考に。
http://shodoshima.or.jp/

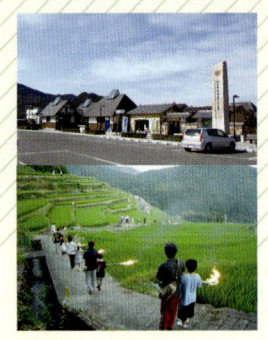

ディープに楽しむ 定番ガイド

小豆島の見どころはまだまだいっぱい!
四季を通じてイベントも充実しています。

おおさかじょういしがきいしきりちょうばあと
大坂城石垣石切丁場跡

さすが石の島。圧倒の巨石群

良質の花崗岩が産出される小豆島。この石が大阪城の石垣に使われていることは有名だ。当時積み残った巨石たちを「残念石」と呼ぶ。島内には、約18ヵ所の石切丁場の他、道具や資料を展示している大坂城残石記念公園もある。

■天狗岩丁場跡（国指定史跡）住香川県小豆郡小豆島町岩谷93 交草壁港から南廻り福田線バス停「岩ヶ谷」下車徒歩15分
■大坂城残石記念公園 住香川県小豆郡土庄町小海甲909-1 ☎0879-65-2865 営9:00～17:00（入園は16:30まで）休12月29日～1月3日 Pあり 交土庄港から車で25分 M32P C-1

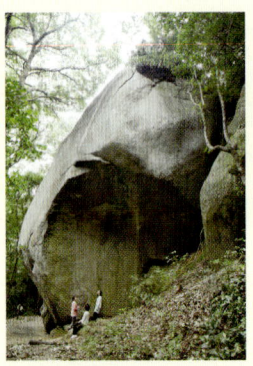

ちょうしけい
銚子渓

お猿の国へようこそ!

瀬戸内海を一望できる景勝地にある自然動物園「銚子渓お猿の国」は、餌付けされた約500匹の野生のニホンザルが毛づくろいをしたり、じゃれあったり、仲むつまじい猿の暮らしぶりを身近に感じられる人気スポット。冬は、猿が固まって暖をとる「猿団子」も名物。

住香川県小豆郡土庄町銚子渓 ☎0879-62-0768 営8:10～16:50（モンキーショー10:00、12:00）休年中無休 ¥大人380円、小人190円 Pあり 交土庄港から車で25分 M32P C-2

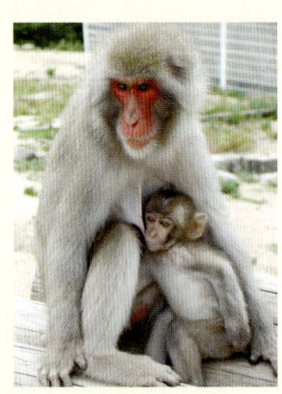

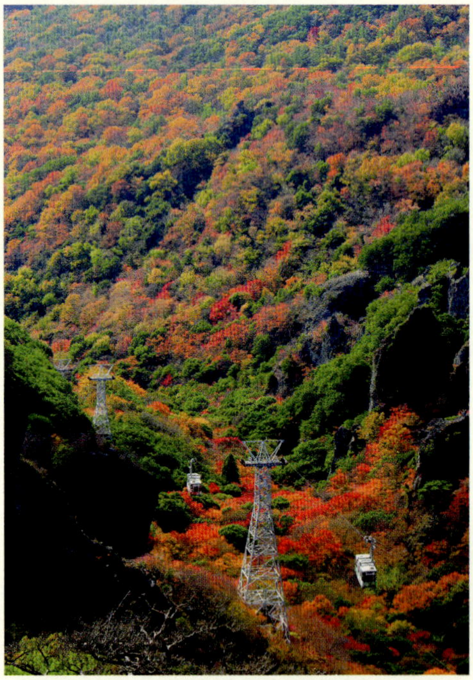

せとないかいこくりつこうえん　かんかけい
瀬戸内海国立公園　寒霞渓

迫力満点! 渓谷美

日本三大渓谷美に数えられる日本屈指の名勝地。200万年もの歳月が創りだした奇岩怪石と、四季折々の渓谷美が楽しめる。標高612mの山頂へは遊歩道かロープウェイで。山頂には売店やレストラン、展望台がある。

住香川県小豆郡小豆島町神懸通168 ☎0879-82-2171（寒霞渓ロープウェイ）営ロープウェイ8:30～17:00（10/21～11/30　8:00～17:00、12/21～3/20　8:30～16:30）休無休（6/23～7/8はゴンドラ交換工事のためロープウェイ運休）¥ロープウェイ大人片道750円・往復1,350円、小人片道380円、往復680円 Pあり 交草壁港から神懸線（季節便）バス停「紅雲亭」下車、ロープウェイすぐ。草壁港から紅雲亭まで車で15分、山頂まで30分 M32P E-2

えんじぇるろーど
エンジェルロード

手をつないで渡れば叶う?! 天使の散歩道

引き潮の時にだけ現れる島と島をつなぐ砂浜の道。大切な人と手をつないで渡れば願いが叶う。そんなロマンチックな噂が口コミで広がり、恋人たちに人気のスポットに。チャンスは1日2回(各約4時間)。

住香川県小豆郡土庄町余島（小豆島国際ホテル横）☎0879-82-1775（小豆島観光協会）Pあり 交土庄港から西浦線バス停「国際ホテル前」下車、徒歩5分。土庄港から車で5分 M33P B-3

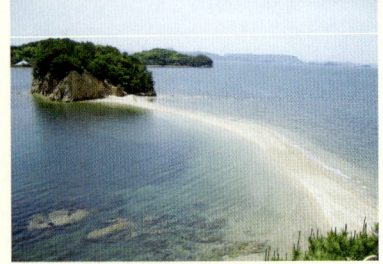

日帰り温泉

サン・オリーブ

ハーブ浴でリフレッシュ

道の駅小豆島オリーブ公園内にある天然温泉。展望テラス付きのレストランでは、内海湾を見渡しながらオリーブ料理などがいただける

住香川県小豆郡小豆島町西村甲1941-1 ☎0879-82-2200 営9:00～22:00（温泉=12:00～21:45／受付は21:00まで。レストラン=10:00～21:00／LO20:30）休水曜（祝日の場合変更あり。年末休館あり）Pあり ¥大人700円、小学生以下400円 交草壁港から福田港行バス停「オリーブ公園」下車徒歩5分 M32P D-3

オリーブ温泉

地下1600mから湧き出る天然温泉

大型ショッピングセンター「マルナカ」に併設された温泉。カルシウムの含有量は国内トップクラスの美人の湯。24時まで営業。

住香川県小豆郡土庄町甲1360-10 ☎0879-61-1136 営10:00～24:00（受付23:00まで）休年に5日ほど。Pあり ¥大人700円、小学生以下500円 交土庄港から送迎バス5分（高速船発着に合わせ随時運行）M33P B-3

吉田温泉ふれあいの湯

地元の人にも愛される温泉

神経痛、筋肉痛に効くと地元でも定評のある温泉。近くにはロッククライミングで人気の吉田ダムやキャンプ場も。タオルは要持参。

住香川県小豆郡小豆島町吉田甲302-1 小豆島オートビレッジYOSHIDA内 ☎0879-61-7007 営15:00～20:00 休火曜 Pあり ¥大人300円、小学生150円 交福田港から土庄港行きバス停「吉田」下車徒歩10分 M32P E-1

小豆島イベントカレンダー
Shoudoshima Event Calendar

春のイベント | Spring Event

オリーブウィーク　3月10日〜15日
3/15はオリーブの日。オリーブ関連のイベントが盛りだくさん。
道の駅小豆島オリーブ公園 時8:30〜17:00 ※詳細は、webをご確認ください。http://www.olive-pk.jp ☎0879-82-2200（道の駅小豆島オリーブ公園） M32P D-3

オリーブ公園の夜桜　3月下旬〜4月上旬
夜の桜並木を提灯でライトアップ。
道の駅小豆島オリーブ公園 時18:30〜22:00 ※日程などは、webをご確認ください。http://www.olive-pk.jp ☎0879-82-2200（道の駅小豆島オリーブ公園） M32P D-3

春の大師市　4月21日
空海の命日にちなんだ恒例行事。西光寺の門前に屋台が並びます。
西光寺 時9:00〜 ☎0879-62-0327（西光寺） M33P B-3

肥土山農村歌舞伎奉納　5月3日
300年以上の歴史を誇る小豆島の農村歌舞伎。
離宮八幡宮 時15:30〜20:00 ☎0879-82-1775（小豆島観光協会） M32P C-2

小豆島オリーブマラソン全国大会　5月末
海岸沿いや醤の郷、二十四の瞳映画村…小豆島を感じながら駆け抜けよう。
道の駅小豆島オリーブ公園　雨天決行　〔申込期間〕2月中旬〜4月初旬（定員になり次第〆切）￥4,000円 ☎0879-82-7007（小豆島町商工観光課） M32P D-3

夏のイベント | Summer Event

吉田ほたる祭り　6月第2土曜日
屋台やライブなどのイベントも。吉田温泉入浴料が小中学生無料に。
吉田温泉周辺 時17:00〜（ライブなど／18:00〜20:00、ホタル鑑賞／20:00〜）Pあり ☎0879-84-2375（野卵会事務局） M32P E-1

虫送り　7月初旬
豊作を願って手火をもった人々の行列が棚田を歩く様は幻想的。
肥土山／土庄町肥土山 時18:00頃〜 ☎0879-82-1775（小豆島観光協会）
中山／土庄町中山千枚田 時18:00頃〜 ☎0879-82-7007（小豆島町商工観光課）

夏休み大作戦　7月18日〜8月31日
オリーブクラフトやシャボン玉遊びなど、親子で楽しめるイベントが盛りだくさん。
道の駅 小豆島オリーブ公園 時8:30〜17:00 ☎0879-82-2200

小豆島まつり（土庄町）　8月上旬
島の祭りの掛け声「エイシャシャゲ」の総踊り、花火を楽しんで。
土庄町役場周辺 時17:00〜21:00頃（20:00〜総踊り）※日程はwebへ http://www.shodoshima.or.jp ☎0879-62-7004（土庄町商工観光課） M33P B-3

小豆島まつり（小豆島町）　8月15日
2000発の花火が島の夜空を彩ります。
内海総合運動公園 時17:30〜21:00（花火20:30〜）※詳細は、webへ http://www.town.shodoshima.lg.jp ☎0879-82-7007（小豆島町商工観光課） M32P E-3

秋のイベント | Autumn Event

フレトピアフェア　9月20日
農作物から手づくり雑貨、飲食屋台まで、メイドイン小豆島が集まる物産市。
フレトピア広場（土庄町・オリーブタウン前）時9:00〜14:00 ☎0879-62-0427（土庄町商工会事務局）

日本一どでカボチャ大会　9月最終日曜日
日本中の巨大カボチャが大集合。
道の駅・海の駅小豆島ふるさと村 時9:00〜14:00 ☎0879-75-1504（小豆島青年会議所） M32P C-3

オリーブ収穫祭　10月1日〜11月30日
期間中、収穫体験などオリーブにちなんだイベントを行っている。
道の駅小豆島オリーブ公園 時8:30〜17:00 ※詳細は、webをご確認ください。http://www.olive-pk.jp ☎0879-82-2200（道の駅小豆島オリーブ公園） M32P D-3

中山農村歌舞伎奉納　10月初旬
棚田の中の歌舞伎舞台。夕暮れと共にお芝居も白熱。
中山春日神社 時17:00〜21:00 ☎0879-82-1775（小豆島観光協会） M32P C-2

秋祭り太鼓台奉納　10月11日〜21日
島中がお祭りムード。詳細は観光協会へ確認して。
小豆島各八幡神社 ☎0879-82-1775（小豆島観光協会）

寒霞渓もみじ茶会　11月2日
寒霞渓の紅葉を背景に、お抹茶と和菓子で一服。
寒霞渓山頂駅展望デッキ 時10:00〜15:00 ￥無料 ☎0879-82-2171（寒霞渓ロープウェイ） M32P E-2

瀬戸内海タートルフルマラソン　11月29日
潮風を浴びながら、晩秋の小豆島を走ろう。
土庄町　雨天決行　〔申込方法〕webをご覧ください。http://www.e-marathon.jp/turtle/ ￥3,500円 ☎0879-62-7004（土庄町商工観光課）

冬のイベント | Winter Event

霜月大師市　12月21日
ぜんざいのお接待や、屋台には迎春用品が並ぶ。
西光寺 時9:00〜 ☎0879-62-0327（西光寺） M33P B-3

小豆島霊場開き　1月21日
島遍路はじめの日。土庄港から総本院までお遍路さんらが練り歩く。
土庄港から総本院まで ☎0879-62-0227（小豆島霊場協会）

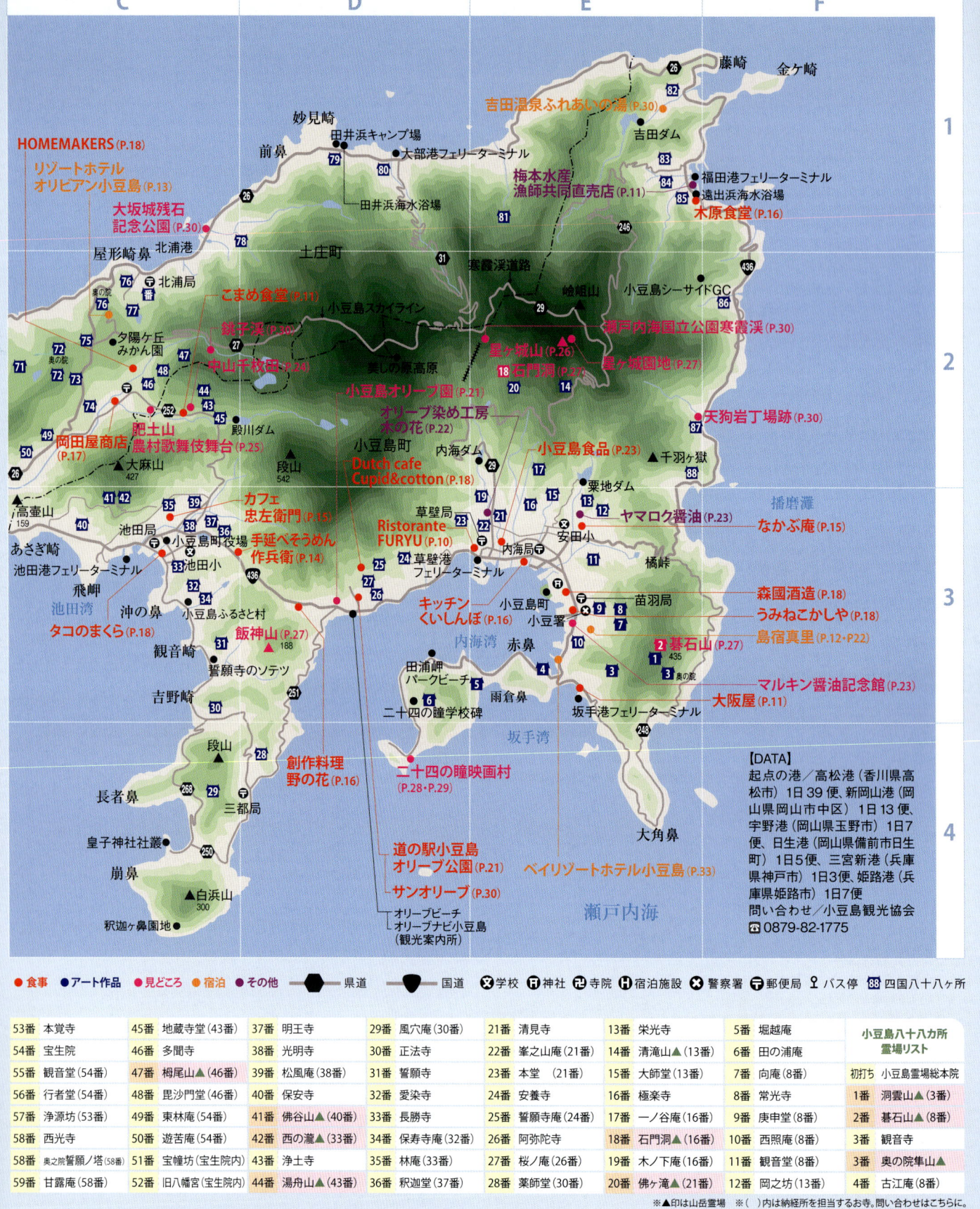

小豆島

Writer's Notebooks

小豆島の歩き方

小豆島は瀬戸内海で淡路島に次いで大きく、港が7つもあるので、目的地に近い港を選ぶのがコツ。島を1周すると車でも2時間はかかるので予め行きたい所を絞って。島内は路線バスかレンタカーが便利です。

島内交通

【バス】
- 小豆島オリーブバス ☎0879-62-0171

【タクシー】
- 小豆島交通タクシー ☎0879-62-1201
- かんかけタクシー ☎0879-82-2288

【レンタカー】
● 土庄港周辺
- マリンレンタカー ☎0879-61-1277
- オリックスレンタカー ☎0879-62-4669
- エンジェルレンタカー ☎0879-62-1428
- 小豆島レンタカー ☎0879-64-6506
- 小豆島安全レンタカー ☎0879-62-9032

● 池田港周辺
- 小豆島ふるさと村 ☎0879-75-2266

● 草壁港周辺
- 内海フェリーレンタカー ☎0879-82-1080

● 坂手港周辺
- Jネットレンタカー坂手港店 ☎0879-82-0821
- 小豆島店 ☎0879-82-0846

● 福田港周辺
- マリンレンタカー福田港店 ☎0879-84-2220

【レンタサイクル】
● 土庄港周辺
- 旭屋レンタサイクル ☎0879-62-0162
- 長栄堂レンタサイクル ☎0879-62-0554
- オーキドホテルレンタサイクル ☎0879-62-5001
- 石井レンタサイクル（バイク有） ☎0879-62-1866

● 池田港周辺
- 小豆島オリーブ公園 ☎0879-82-2200
- 小豆島オリーブユースホステル ☎0879-82-6161
- 小豆島ふるさと村 ☎0879-75-2266

● 草壁港
- 内海フェリーレンタサイクル ☎0879-82-1080

● 坂手港周辺
- レンタサイクル小豆島 ☎0879-82-0821

小豆島のとっておき朝ご飯

小豆島でぜひ食べたい朝ご飯のひとつが、醤の郷にあるベイリゾートホテル小豆島の朝食バイキング。毎朝炊きたての佃煮が数種類並び、さらに刺身の醤油漬けをトッピングしたら「マイひしお丼」の出来上がり。朝からおかわり必至、ぜひ泊まって味わってください。

ベイリゾートホテル小豆島
🏠 小豆郡小豆島町古江乙16-3
☎ 0879-82-5000　M 32P E-3

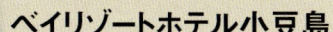

ライター／小西智都子

沖ノ島 *Okinoshima*

渡船で渡る島

小豆島の北部、小江地区の目の前に浮かぶある沖ノ島は人口70人余り。渡船でわずか1分、江戸時代から続く漁師の島だ。島一周は歩いて30分ほど、瀬戸内の原風景とも言えるのどかな島景色が広がる。

【DATA】起点の港／四海漁港（香川県小豆郡土庄町）1日14～18便　問い合わせ／土庄町建設課 ☎0879-62-7006（平日8:30～17:00のみ）※島内の移動手段は徒歩のみ。お店はないので飲み物や食べ物は要持参。

食とアートをめぐる
豊島
Teshima

島の中心付近にそびえる壇山から豊富な伏流水が湧き出るため、貴重な田畑を潤す水源に困らず、島のあちこちにいろいろな田園風景を見ることができます。かつては乳牛飼育がさかんなことからミルクの島と呼ばれていた豊島。その名のとおり豊かな食の風景と、ロケーションに融合したアートをめぐりませんか。

なだらかに続く棚田の向こうに海を眺める風景は、豊島ならでは。

豊島

自然と一体になるように ただ静かに耳を澄ます

豊島の風景を見下ろす遊歩道を通り抜け、白くてまるい豊島美術館へと歩く。瀬戸内海を眺めながらぐるりとカーブをきったその先に、アーティスト・内藤礼と建築家・西沢立衛による豊島美術館の入り口が見える。中に入ると、そこは別世界。ひんやりとしたコンクリートに包まれたその世界で耳を澄ませば、水の音や鳥の羽音、風の音、そして自分がひたひたと歩く音がかすかに聞こえてくる。普段なら気付くことのない、気配。島に住む人から「豊島美術館は晴天時だけでなく、雨の日も風の日も違った良さがある」と聞くことがある。次に訪れたときは、どんな気持ちになれるだろうか。

再生させた休耕田の一角に、水滴のような形をした建物。広さ40×60m、最高高さ4.5mの空間に柱が1本もないコンクリート・シェル構造で、天井にある2箇所の開口部から、周囲の風、音、光を内部に直接取り込んだ有機的な空間。
①豊島美術館／写真：鈴木研一
②内藤礼「母型」2010年／写真：森川昇
③内藤礼「母型」2010年／写真：森川昇

③

②

てしまびじゅつかん
豊島美術館

🏠香川県小豆郡土庄町豊島唐櫃607 ☎0879-68-3555 🕙10:00～17:00（最終入館16:30）／3月1日～9月30日、10:30～16:00（最終入館15:30）／10月1日～2月末日 休火曜日（3月1日～11月30日まで）、火曜日から木曜日（12月1日～2月末日）※ただし祝日の場合は開館、翌日休館※ただし月曜日が祝日の場合は、火曜日開館、翌水曜日休館 ¥1,540円（15歳以下無料） 🚌家浦・唐櫃港からシャトルバス「豊島美術館」下車すぐ M43P D-2

自転車でアートめぐり

海を眺めながら、ぐるりと自転車で島を一周。坂道を上った先に、絶景が待っています。

豊島

撮影：久家靖秀

心臓音のアーカイブ 〔唐櫃〕
クリスチャン・ボルタンスキー

🏠 香川県小豆郡土庄町豊島唐櫃2801-1
☎ 0879-68-3555（豊島美術館） 営 10:00～17:00/3月1日～9月30日、10:00～16:00/10月1日～2月末日 休 火曜日(3月1日～11月30日まで)、火曜日から木曜日(12月1日～2月末日)※ただし祝日の場合は開館、翌日休館※月曜もしくは火曜が祝日の場合は、翌水曜 ¥ 510円(15歳以下無料)

人々が生きた証として、心臓音を収集するプロジェクトで集めた世界中の人々の心臓音を恒久的に保存、聴くことができる。

勝者はいない─マルチ・バスケットボール 〔唐櫃〕
イオベット＆ポンズ

屋外展示作品 休 なし ¥ 無料

たくさんのリングが付いたバックボードでバスケットを楽しめる。

写真：高橋公人

写真：中村脩

円形のスクリーンに、チューリップや風景などカラフルな映像を投影。

あなたの最初の色
（私の頭の中の解-私の胃の中の溶液）
ピピロッティ・リスト

営 10:30～16:30 休 月～金 ¥ 300円 〔唐櫃〕

そらのりゅうし/からと
空の粒子/唐櫃
青木野枝

屋外展示作品 休 なし ¥ 無料 〔唐櫃〕

円形に切り出されたコールテン鋼をつなぎ合わせた彫刻。まるで空に粒子が舞うかのよう。

写真：中村脩

嵐がやって来て、過ぎ去るまでの約10分間を光や水の動き、暗闇をゆさぶる音を通して表現する体験型作品。

ストーム・ハウス
ジャネット・カーディフ＆ジョージ・ビュレス・ミラー

営 10:30～16:30
休 月～金 ¥ 300円 〔唐櫃〕

写真：鈴木心

豊島

三連の大作絵画「原始宇宙」はじめ平面作品11点と、庭園などに展開されるインスタレーション。

写真:山本糾

豊島横尾館 〔家浦〕
横尾忠則／永山祐子

🏠 香川県小豆郡土庄町豊島家浦2801-1 ☎0879-68-3555(豊島美術館) 🕙10:00～17:00(最終入館16:30)／3月1日～9月30日、10:00～16:00(最終入館15:30)／10月1日～2月末日 休 火曜日(3月1日～11月30日まで)、火曜日から木曜日(12月1日～2月末日)※祝日の場合は開館、翌日休館※月曜もしくは火曜が祝日の場合は、翌水曜 ¥510円(15歳以下無料)

写真:山本糾

撮影:中村脩

あなたが愛するものは、あなたを泣かせもする 〔家浦〕
(日本フランチャイズバージョン)
トビアス・レーベルガー

🏠 香川県小豆郡土庄町豊島家浦2309 ☎0879-68-3117(カフェ イルヴェント) 🕙10:00～17:00 休火曜日(月曜もしくは火曜が祝日の場合は、翌水曜) ¥300円(カフェ利用時無料)

空家を改装したカフェが迷彩柄やストライプ、水玉などの模様が天井や床、壁、テーブルに施された作品。

遠い記憶 〔甲生〕
塩田千春

🕙10:30～16:30 休月～金 ¥300円
島々で集めた木製建具で構成したトンネルを設置。

写真:中村脩

撮影:中村脩

中心の立体は神岡宇宙素粒子研究施設とコンピュータで接続され、超新星爆発(星の死)が起こると光を放つ。

トムナフーリ 〔硯〕
森万里子

🕙10:30～16:30 休月～金 ¥300円

🚲 レンタサイクル案内 〔家浦港周辺〕〔唐櫃港〕

緋田石油 〔家浦港周辺〕
🏠香川県小豆郡土庄町豊島家浦2148-1 ☎0879-68-3006 ¥電動アシスト自転車 半日1,000円、1日1,400円、1時間増すごとに150円

レンタサイクル みずたまや 〔家浦港周辺〕
🏠香川県小豆郡土庄町豊島家浦2189 ☎090-9230-3443 ¥電動アシスト自転車 半日1,200円、1日1,500円 普通自転車 半日500円、1日700円 延長(18:00まで)+200円、オーバーナイト+300円

NPO豊島PPプロジェクト 〔家浦港周辺〕
🏠香川県小豆郡土庄町豊島家浦3837-5 ☎080-2943-7788 ¥電動アシスト自転車・普通自転車 2時間まで500円、4時間まで1,000円ほか ※電動アシスト自転車あり インターネット予約受付／http://www.tppp.jp/

土庄町レンタサイクル 〔家浦港周辺〕
(豊島家浦港前)
☎0879-68-3135 🕙9:00～16:00 ¥電動アシスト自転車 4時間1,000円、4時間を超える場合1時間増すごとに100円

レンタカーあき 〔家浦港周辺〕
(豊島家浦港 豊島交流センター前／南側)
🏠香川県小豆郡土庄町豊島家浦890 ☎0879-68-2725 🕙7:00～20:00 ¥普通自転車1日500円(電動アシスト自転車の相談可)

笠井レンタサイクル 〔唐櫃港〕(唐櫃港前)
☎なし ¥普通自転車 1時間100円、5時間700円、1日1,000円

からと港レンタサイクル 〔唐櫃港〕(唐櫃港前)
☎090-1000-0065(高橋) ¥電動アシスト自転車 4時間1,000円、1日1,500円

豊島

島キッチン
しまきっちん

⌂ 香川県小豆郡土庄町豊島唐櫃1061 ☎ 0879-68-3771 営 11:00～16:00（フードLO14:00、ドリンクLO15:30）休 火～木曜（ただし祝日は営業、季節により変動あり。島キッチン公式HPにて確認）交 家浦港からシャトルバス「唐櫃集会所前」下車徒歩3分。M 43P C-2

島の野菜や魚がおしゃれに変身

島のおかあさんたちが、東京丸ノ内ホテル山口シェフの協力を得て豊島の野菜や魚を使った料理を提供。まぜごはん「かきまぜ」など、地元ならではの料理が日替わりで登場する「島キッチンセット（1,500円）」がおすすめ。

半屋外に席がある開放的な店舗は、瀬戸内国際芸術祭2010を機につくられた安部良氏の作品。

豊島ごはん
いただきます！

壇山がそびえ水源が豊富で穏やかな気候にある豊島は、棚田の米、野菜、牛乳、卵、イチゴ、レモンなど、豊かな食に恵まれています。

定食（770円）

民家でいただく季節のごはん

昭和のなつかしい空気の中で、手作りごはんとスイーツが味わえる。「きらめきランチ（1,000円）」は、地元でとれた旬の野菜をたっぷり使ったおかずが数種類並び、どれから食べようかと迷う楽しみがある。営業日の変更は公式ブログで確認を。

食堂101号室
しょくどういちまるいちごうしつ

⌂ 香川県土庄町豊島唐櫃1053 営 11:30～16:00（LO 15:30）、18:00～20:00（LO19:30、要予約）休 木曜＋不定休 交 唐櫃港から自転車で約10分 M 43P C-2

豊島の棚田米をめしあがれ

島に住む夫婦が営む定食屋。家庭的な味わいが人気の日替わりの定食は、豊島の棚田米を炊いたご飯と、メインのおかずと副菜が2品ついて770円。家浦港の目の前にあるので、船待ち時間に立ち寄れて便利。

豊島屋
てしまや

⌂ 香川県小豆郡土庄町豊島家浦3841-3 ☎ 0879-68-3345 営 11:30～17:00 休 不定休 交 家浦港すぐ M 43P B-2

豊島

ディナー（3,500円〜）前菜の一例

春から秋にかけて目の前の海に夕日が沈んでいく

豊島の恵みを五感で味わう

瀬戸内海を望む絶好のロケーションでいただく見た目も味もうるわしい料理は、化学調味料や砂糖は使わず素材の味を引き出している。島の野菜や旬の魚介、希少な島の牛乳や平飼い卵を使った料理の数々に島の食の豊かさを感じてほしい。

うみのれすとらん
海のレストラン

🏠香川県小豆郡土庄町豊島家浦525-1 ☎0879-68-3677 🕐11:00〜17:00（18:00〜21:00はディナーのみ2日前までに要予約）休火、第2水曜（月・火曜が祝日の場合、火曜営業、水曜休）🚶家浦港から徒歩約15分 M43P B-1

手こねパンと季節のスープとおかずのセット（850円、珈琲付き1,100円）

食と空間から見える豊島の暮らし

お店の外のボードに書かれた「パンが焼けました」の文字。テイクアウトもセットにもできるパンや、自家栽培の野菜や島の食材を使った料理、自家焙煎珈琲がいただける。味わえば、豊島の食の風景が見えるよう。

店内に展示された古道具を眺めながら豊島の暮らしに想いを馳せる。

てしまのまど
てしまのまど

🏠香川県小豆郡土庄町豊島家浦2458-2 🕐10:00〜17:30 休火曜＋不定休 🚶家浦港から徒歩5分 M43P B-2

獲れたてピチピチの魚を堪能

魚屋さんが営む定食屋で、島の漁師が獲った魚が冷蔵ケースに並ぶ。魚を買って帰ることもできるが、やはりここは出来立てアツアツをいただきたい。焼き魚や、旨味たっぷりの天ぷらなどがメインの定食は各1,200円。

てしませんぎょ
豊島鮮魚

🏠香川県小豆郡土庄町豊島家浦3841-8 🕐9:00〜16:15 休火〜金曜（2016年は水曜休）🚶家浦港すぐ M43P B-2

39

豊島

今日から島っ子！ 民泊に泊まろう

島のお家に泊まり、島の人と一緒に畑で野菜を収穫したり魚を獲りにいったり…。そんな「島っ子」暮らしが体験できる民泊。豊島には、9軒のバラエティ豊かな民泊があるんです！

はんちゃんおばさんと郷土料理
笑顔がかわいいはるみさんこと「はんちゃんおばさん」夫婦の家。はんちゃんおばさんから、豊島に代々伝わる郷土料理であるいぎす豆腐やごう汁などの作り方を教わろう。

緋田さん家（あけださんち）
¥素泊3,500円 食事／共同調理か自炊可（食材は有料）、土・日曜日と火・水曜日は仕入れができないため対応不可。 オプション／野菜の収穫、島の食材を使った、ごう汁やいぎす豆腐づくり（1組3,000円、要予約） 家浦港から徒歩5分 M 43P B-2

平飼い卵を朝食に
一軒家をまるごと貸し切ってのんびりと過ごせる。畑とニワトリ小屋があるので、朝食は産みたての卵で卵かけご飯を作ろう。卵は、山根夫妻が営む「山根商店」で販売している。

「山根商店」ではお菓子や日用品を売っています。

山根さん家（やまねさんち）
¥素泊3,500円（2名以上で予約） 食事／共同調理か自炊可（食材は有料） オプション／名古屋コーチンの卵で「卵かけご飯」が食べられる（卵代ほか食事は有料）。 家浦港から徒歩5分 M 43P B-2

島の人や旅行者同士で仲良くなれるのがいいところ。

カンパーイ!!

みんなでご飯を作って食べるとおいしいね！

手延べそうめん工場に泊まる
手延べそうめん業を営む川東さん。お部屋は製麺所の2階にあるので、製麺シーズンの冬はそうめんづくりに欠かせないごま油の香ばしい香りがほのかに漂っていい気持ちに。

豊島美術館のそばのお店で手延べそうめんを提供しています。

川東さん家（かわひがしさんち）
¥朝食付3,700円 食事／朝食は共同調理か自炊可、夕食は応相談（有料） オプション／手延べそうめん工場見学、オリーブや野菜の収穫など農業体験（有料）、豊島石体験コース（有料） 家浦港から徒歩8分 M 43P B-2

民泊とは…
豊島民泊は、島の暮らしが体験できる宿（農林漁家民宿）。食事や漁業体験、収穫体験などは、ほとんどが予約制なので事前に問い合わせよう。食事は、お家の台所で自炊するか、近隣のお店で食べる。自炊の場合は、食材が確保できるか民泊のおじさんやおばさんに相談しよう。また、すべての民泊で豊島廃棄物不法投棄現場見学（有料・現地払い）が申し込める。※食材費や体験料は事前に確認を。

予約は豊島観光協会ウェブサイトにて
（3週間前～3日前まで要予約）
http://www.teshima-web.jp/minpaku/ ※スマートフォン、携帯電話からは不可。パソコンからの予約となります。

豊島

島の手作りご飯がうまい
彦江さん家 (ひこえさんち)

一軒家をまるごと貸し切り。食事は、自炊もできるが近所にある豊島のおばちゃんの店「うらら」に予約をすれば、新鮮な魚や野菜をふんだんに使った島の郷土料理が楽しめる。

¥ 素泊3,500円（2名以上で予約）食事／「うらら」利用（有料、要予約）か、自炊可（食材は有料）オプション／郷土料理体験、無農薬野菜の収穫、釣り船体験（有料、要相談）家 浦港から徒歩5分 M 43P B-2

ママカリ釣り名人と釣り談義
角石さん家 (かどいしさんち)

一軒家をまるごと貸し切ることができる。近くの畑で野菜を収穫したり、「ママカリ釣り名人」のご主人に釣りを教わったり。畑と海にふれることができる。

※豊島廃棄物不法投棄現場見学もおすすめです。

¥ 素泊3,500円（2名以上で予約）食事／簡単な自炊可（食材は有料）オプション／海釣り体験（エサ代など有料）、農業体験（有料）家 浦港から徒歩8分 M 43P B-2

畑で多彩な野菜を収穫
植松さん家 (うえまつさんち)

農業を営む植松さんの畑では、白菜や大根などの定番野菜から枝豆など珍しいものまでたっぷり収穫体験ができる。面倒見のいいおかあさんと元気なおとうさんの話も面白い。

¥ 素泊3,500円（2名以上で予約）食事／朝食は自炊か共同調理、夕食は自炊可（食材は有料）オプション／野菜や果樹の収穫、料理体験など（要相談）家 浦・唐櫃港から送迎可 M 43P B-3

海が見える部屋でのんびり過ごす
田村さん家 (たむらさんち)

家浦港に面し、オーシャンビューの抜群のロケーション。建物の1階は、ジャムづくりのワークショップなどを行う工房となっている。手作りのジャムをお土産にいかが？

¥ 素泊3,500円 食事／応相談、自炊可（食材は有料）オプション／無農薬レモン農家の手伝い、栗拾い（9月末〜10月上旬）、ワカメ採り（3月〜4月）、刺し網漁の体験（有料）家 浦港から徒歩3分 M 43P B-2

漁師さんとお魚三昧
生田さん家 (いくたさんち)

現役漁師の生田さんとプチ漁師体験が楽しめる。旬の魚を自分でさばいて作る夕食のおいしさは格別。さばき方がわからなくても大丈夫、面倒見のよい生田さんに教えてもらおう。

¥ 素泊3,500円（2名以上で予約）食事／自炊可（食材は有料）オプション／漁業体験、釣り体験、シーグラス体験など（有料、要相談）家 浦・唐櫃港から送迎可 M 43P B-3

貴重な五右衛門風呂がある家
暮石さん家 (くれいしさんち)

とっても気さくなお兄さん暮石さんの案内で島内めぐりを楽しもう。住人ならではの目線で案内してくれる。離れに泊まれば五右衛門風呂に入れる。

¥ 素泊3,500円 食事／朝食（有料）、自炊可（食材は有料）オプション／豊島集落マップ口頭ガイド（有料・要相談）家 浦港から徒歩10分 M 43P B-2

ちょっと一息 おやつタイム

島めぐりの間にちょっと一休み。スイーツやお菓子で小腹を満たして、元気に島をまわりましょう。

豊島

アート作品が鑑賞できるカフェ

民家を利用した店内では、ドローイングや写真などアーティストによる作品を展示。豊島の果物を使った「自家製酵素ジュース（400円）」やケーキ、ベーグルが人気。レンタサイクルもあり。

みずたまや

住 香川県小豆郡土庄町豊島家浦2189 ☎090-9230-3443 営10:00～18:00 休火曜（祝日は営業） 交家浦港から徒歩5分 M43P B-2

イチゴ氷・M（410円）　生いちごいっぱいパフェ（550円）　イチゴ農家のぜいたくスムージー（510円）

お店で作ったイチゴジャムやソースをお土産に！

イチゴ農家のスイーツ

イチゴ農家の多田さんが作るイチゴは糖度が高いと大人気。そのおいしさを存分に味わってほしいと開いたお店「いちご家」では、旬の冬から初夏は生のイチゴ、シーズン外はイチゴのコンポートを使ったデザートが食べられる。イートインも可能。

いちご家

住 香川県小豆郡土庄町豊島家浦2133-2 ☎0879-68-2681 営12:00～17:00（土日祝11:00～）休不定休 交家浦港から徒歩3分 M43P B-2

いちごジャム・100g（510円）・150g（600円）
いちごソース・100g（510円）・200g（820円）

お菓子やお土産が気軽に買える

大人も子どもも楽しめる、アメリカンな駄菓子屋さん。店前のテーブル席で買ったお菓子を食べながら向かいの豊島横尾館を眺めるという贅沢な過ごし方ができる。横尾忠則氏のグッズも販売。

おかだや

住 香川県小豆郡土庄町豊島家浦2238 ☎090-3656-7228 営9:00～20:00（土日祝～22:00、冬季10:00～18:30）休火曜（祝日の場合は営業、水曜休）交家浦港から徒歩3分 M43P B-2

海をイメージしたテイクアウトの店

いかすみやチーズを使った丸いおむすびがかわいいお弁当「プラネットバケツ（1,000円）」ほか、アイスクリームやドリンクをテイクアウトできる。広い庭のベンチに座ってのんびり休もう。

court yard

住 香川県小豆郡土庄町豊島家浦1841-2 ☎080-6379-5108 営10:00～18:00 休月～金曜（祝日は営業）交家浦港から徒歩8分 M43P B-2

42

Teshima 豊島

【DATA】起点の港／高松港(香川県高松市) 1日3〜5便、宇野港(岡山県玉野市) 1日8便、土庄港(小豆島) 1日7便、本村港(直島) 1日0〜2便 豊島シャトルバス／大人(中学生以上)200円、5歳〜小学生100円 ※レンタサイクル情報はP.35に記載 レンタカー／レンタカーあき☎0879-68-2725 緋田石油☎0879-68-3006 タクシー／秋山タクシー☎0879-68-2111 (要予約) 問い合わせ／豊島観光協会☎0879-68-3135

スダジィの森
壇山を登る途中にある、樹齢250年ほどのスダジイが自生する森。幻想的な雰囲気は、島の人たちに「権現山」と呼ばれている。

壇山展望台
標高300mから高松方面を一望できる。往来する船を眺めるのも楽しい。

勝者はいない―マルチ・バスケットボール(P.36)

豊島美術館(P.35)

海のレストラン(P.39)

トムナフーリ(P.37)

空の粒子／唐櫃(P.36)

島キッチン(P.38)

心臓音のアーカイブ(P.36)

ストームハウス(P.36)

食堂101号室(P.38)

遠い記憶(P.37)

薬師寺の首なし地蔵
お堂の中に積まれたおびただしい数のお地蔵様の頭。この首を持ち帰ると首から上の病気にご利益があると言われている。願いが叶ったら新しい頭を奉納すると言われているので、頭の数だけ願いが叶ったということかも。

凡例：● 食事　● アート作品　● 見どころ　● 宿泊　● その他
文 学校　卍 神社　卍 寺院　H 宿泊施設　● 警察署　〒 郵便局
● バス停

民泊 ①田村さん家 ②山根さん家 ③彦江さん家 ④角石さん家 ⑤緋田さん家 ⑥川東さん家 ⑦暮石さん家 ⑧植松さん家 ⑨生田さん家

あなたが愛するものは、あなたを泣かせもする(P.37)

豊島鮮魚(P.39)

いちご家(P.42)

豊島屋(P.38)

みずたまや(P.42)

豊島横尾館(P.37)

おかだや(P.42)

てしまのまど(P.39)

courtyard(P.42)

Writer's Notebooks 豊島

宇野―豊島―小豆島の航路で島めぐり

島めぐりに便利なのが、宇野―豊島―小豆島(土庄)航路。宇野港と土庄港は岡山・高松どちらもアクセスがよく船便が多いので、知る人ぞ知る便利な航路なのです。特に私がお気に入りなのは、豊島から宇野に渡る途中で直島のそばを通るとき。普段は見られない三菱マテリアルの風景を初めて海の上から眺めると、「もうひとつの直島」を見たような気がして、ちょっとうれしい気持ちになれます。

小豆島豊島フェリー　http://www.shodoshima-ferry.co.jp/

ライター／山下亜希子

直島
Naoshima

名だたるアートに囲まれた島

現代アートの聖地として、国内のみならず海外からも多く訪れる直島。アートの力はもちろんですが、いつも陽気に迎えてくれる直島の人たちも大きな魅力です。アートめぐりをしながら、町並みで、立ち寄ったお店で、お世話になる宿で、そこで暮らす人たちと出会ってみてください。さっき見たアートが、ぐっと身近に感じられるから不思議です。

宮浦港に着くと、一番に出迎えてくれる作品が、草間彌生「赤かぼちゃ」。

直島

五感で感じるアート

作品の多くを自然光で見ることができる「地中美術館」、作品に囲まれたホテルに泊まれる「ベネッセハウス」など直島ならではのアートを満喫。

①李禹煥美術館／写真：山本糾

②李禹煥「関係項-沈黙」（2010）
写真：山本糾

④地中美術館
クロード・モネ「睡蓮-草の茂み」
1914-17

③地中美術館／写真：藤塚光政

りうふぁんびじゅつかん
李禹煥美術館 ①②
李禹煥／安藤忠雄

作品と建築が呼応した美術館

国際的に評価の高いアーティスト・李禹煥の初の個人美術館。半地下構造の建物は、建築家・安藤忠雄が設計。

住 香川県香川郡直島町字倉浦1390 ☎087-892-3754 営10:00～18:00（3月～9月）、10:00～17:00（10月～2月） 休月曜（祝日の場合翌日） ¥一般1,030円、15歳以下無料 交つつじ荘からシャトルバス「李禹煥美術館」下車徒歩3分 M59P B-4

ちちゅうびじゅつかん
地中美術館 ③④

瀬戸内の美しい景観になじむ美術館

地中に埋設された建物に、クロード・モネ、ジェームズ・タレル、ウォルター・デ・マリアの作品を恒久設置。設計は安藤忠雄。

住 香川県香川郡直島町3449-1 ☎087-892-3755 営10:00～18:00（3月～9月）、10:00～17:00（10月～2月） 休月曜（祝日の場合翌日） ¥一般2,060円、年間パスポート10,300円、15歳以下無料 交つつじ荘からシャトルバス「地中美術館」下車すぐ M59P B-4

⑤ベネッセハウス 客室／写真：鈴木心

⑥ベネッセハウス ミュージアム
リチャード・ロング"瀬戸内海の流木の円"/"瀬戸内海のエイヴォン川の泥の環"写真：山本糾

べねっせはうす みゅーじあむ
ベネッセハウス ミュージアム ⑤⑥

自然・建築・アートの共生

美術館とホテルが一体となった施設。「ミュージアム」、「オーバル」、「パーク」「ビーチ」の4棟からなる。設計はすべて安藤忠雄。

住 香川県香川郡直島町琴弾地 ☎087-892-3223 営8:00～21:00 休無休 ¥ミュージアム／一般1,030円、15歳以下とベネッセハウス宿泊者無料、ホテル／1泊1室2名様32,076円～ 交つつじ荘からシャトルバス停「ベネッセハウス ミュージアム下」下車すぐ M59P C-5

ANDO MUSEUM ⑦⑧
空間を鑑賞、建築家の美術館

建築家・安藤忠雄の活動と直島の歴史を伝えるミュージアム。築約100年の木造民家の中に安藤忠雄の設計による打ち放しコンクリートの空間が広がる。

🏠香川県香川郡直島町736-2 ☎087-892-3754（福武財団）🕙10:00〜16:30（最終入館16:00）休月曜（祝日の場合開館、翌日休）¥510円（15歳以下無料）

⑧ANDO MUSEUM／写真：浅田美浩

直島銭湯「I♥湯」⑨⑩
入浴できるアート

外観はもちろん、浴槽、風呂絵、モザイク画、トイレの陶器にいたるまで大竹伸朗が手がけた作品。実際に入浴して鑑賞する。

🏠香川県香川郡直島町2252-2 ☎087-892-2626 🕙14:00〜21:00（最終受付20:30、土日祝10:00〜）休月曜（祝日の場合開館、翌日休）¥510円、15歳以下210円（3歳未満は無料）

⑨大竹伸朗 直島銭湯「I♥湯」（2009）／写真：渡邉修

⑩大竹伸朗 直島銭湯「I♥湯」（2009）／写真：渡邉修

⑦ANDO MUSEUM／写真：浅田美浩

本村の町並みで出会う
家プロジェクト

本村の町並みに残る家屋を改修し、空間そのものを作品化したアート。町並みをゆっくり散策しながら楽しみたい。

🏠香川県香川郡直島町本村地区 ☎087-892-3223（ベネッセハウス）🕙10:00〜16:30（護王神社の本殿と拝殿は終日見学・参拝可能）休月曜（祝日の場合開館、翌日休）¥共通チケット（「きんざ」を除く6軒を鑑賞）1,030円、ワンサイトチケット（「きんざ」を除く1軒のみを鑑賞）410円 ※15歳以下は無料

「南寺」安藤忠雄（設計）／写真：山本糾
かつてここに実在し精神的な拠り所であったお寺にちなんだ作品。（設計／安藤忠雄）

「角屋」宮島達男"Sea of Time'98"／写真：上野則宏
200年ほど前に建てられた家屋を、漆喰仕上げ、焼板、本瓦を使った元の姿に修復。

「石橋」千住博"空の庭"／写真：渡邉修
製塩業で栄えた石橋家を再建し、室内と庭に千住博の作品を設置。

「碁会所」須田悦弘"椿"／写真：渡邉修
椿が植えられた庭と内部の作品「椿」が対比している。

「きんざ」内藤礼"このことを"／写真：森川昇
完全予約制。鑑賞料／510円（他の家プロジェクトとは別料金）

「はいしゃ」大竹伸朗"舌上夢／ボッコン覗"／写真：渡邉修
歯科医院兼住居であった建物をまるごと作品化。

「護王神社」杉本博司"Appropriate Proportion"／写真：杉本博司
元からあった神社を改装。石室と本殿がガラスの階段で結ばれている。

直島

本村の町並み探訪

約400年の歴史を持つ本村地区。
町並みを歩けば、親切な島の人たちが温かく迎えてくれます。

猫に出会う

海辺でごはん

壁にも猫！

のんびりお散歩

民具の数々をぜひ
ご覧くださいね。

元廻船問屋の蔵で島の隆盛を感じて
さかいや（屋号）

「さかいや」という屋号で親しまれる堺谷さんのお宅は、天保時代に巨大船「隆徳丸」を保有した元廻船問屋。蔵には往時を偲ばせる資料が展示され、まるで博物館のよう。

🕙 10:00～17:00ごろ（在宅時のみ) Ⓜ 59P C-3
※地元の方のご自宅なので迷惑がかからないようにしましょう。

自宅の前も、肇さんの性格を表すかのように賑やか。

会えたらラッキーな「夕日のおじさん」
立石肇さん家

観光客やアーティストに島を案内するうちに全国に友達ができたという島の有名人。肇さんグッズも登場し、撮影した夕日の写真はポストカードになるほど人気。

Ⓜ 59P C-3 ※地元の方のご自宅なので迷惑がかからないようにしましょう。

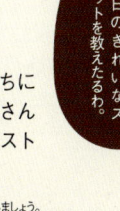

気軽に声をかけてな！夕日のきれいなスポットを教えたるわ。

のれんをくぐれば樹齢100年の松
石川さん家

松の柄が染め抜かれたのれんが目印。扉が開いているときのみ、樹齢100年の松がどっしりと構える日本庭園を見学できる。庭に入るときには家の人に一声かけよう。

🕙 10:00～17:00ごろ（開扉時のみ) Ⓜ 59P C-3
※地元の方のご自宅なので迷惑がかからないようにしましょう。

本村地区
町並みカフェ
本村の町並みには、民家を生かしたカフェがたくさんあるんです。

直島

ブレックファーストは、焼きたてスコーンorクロワッサン、放し飼い卵のボイルドエッグなど780〜980円。営業時間はFacebookで確認を。

アートとフードのコラボを楽しむ

アーティストの作品を展示したフロアで、瀬戸内の四季折々の食材を使ったランチやブレックファーストを味わう、直島色豊かなカフェ。素材の味を生かしたスイーツもぜひ。

<small>えぷろんかふぇ</small>
Apron Cafe
🏠香川県香川郡直島町777 ☎087-892-3048 🕐11:00〜15:00頃(土・日曜、祝日は8:00〜) 休月・木曜+不定休 🚌宮浦港から町営バス停「農協前」下車徒歩3分 M 59P C-3

県産の干物やイワシの甘露煮など数種類のおかずとあわせた「直島茶がゆ」は1時間前に予約を。

玄米と野菜中心のおかずがセットになった「あいすなおセット(850円)」

瀬戸内の島々の郷土料理が味わえる

かつて島で食されてきた茶粥を食べやすくアレンジした「直島茶がゆ(1,200円)」や、家島群島の名物「海老出汁カレー(850円)」、テングサでつくるトコロテンなど島料理が味わえる。

<small>えんがわかふぇ ななつしま ちゃがゆてい</small>
縁側カフェ 七ツ島 茶粥亭
🏠香川県香川郡直島町884-1 ☎087-892-3885 🕐10:30〜21:00 休月曜+不定休 🚌宮浦港から町営バス「役場前」下車徒歩7分 M 59P C-3

からだが喜ぶご飯とスイーツ

玄米や野菜など体にやさしい食材を使った食事や、卵、乳製品、白砂糖を使わないスイーツなどのヘルシーメニューは、そのおいしさに心が満たされる。歴史豊かな古民家でいただこう。

<small>げんまいしんしょく あいすなお</small>
玄米心食 あいすなお
🏠香川県香川郡直島町761-1 ☎087-892-3830 🕐11:00〜16:00 休月曜+不定休 🚌宮浦港から町営バス「農協前」下車徒歩5分 M 59P C-3

地元大学生のアイデア満載

香川大学経済学部が運営し、インテリアやメニューなどすべて学生の斬新なアイデアで生まれた。「直島☆のりのり丼(680円)」など、ユニークなネーミングが楽しい。

香川大学直島地域活性化プロジェクトとして直島の地域活性化にも取り組んでいる。

<small>わかふぇ ぐぅ</small>
和CAFE ぐぅ
🏠香川県香川郡直島町836 ☎なし 🕐11:00〜16:30 休月〜金(土・日・祝日のみ営業) 🚌宮浦港から町営バス「農協前」下車徒歩3分 M 59P C-3

直島

ピザ（1,100円〜）

友人宅に招かれたようなアットホーム感

本村港に面した民家カフェ。庭の縁側から店内に入り、広い和室でのんびりと過ごすことができる。リンゴがたっぷり入った直島りんごケーキ（400円）は、お土産にもおすすめ。

かふぇれすとらん がーでん
Cafe Restaurant Garden

🏠 香川県香川郡直島町843 ☎ 087-892-3301 🕐 11:30〜夕方 休 月曜 🚌 宮浦港から町営バス停「本村港」下車すぐ M 59P C-3

庭に出ると目の前に瀬戸内海が広がっている。

島では珍しい?! 猫カフェ

お店の隣に建つ民宿「おやじの海」のオーナーが、猫好きが高じてこの直島でネコカフェを営むことになった。キャットルームでは血統書付きのネコが遊んでいる。カフェのみの利用もOK。

きゃっとかふぇ にゃおしま
cat cafe にゃおしま

🏠 香川県香川郡直島町774 ☎ 090-5261-7670 🕐 11:00〜17:00 休 月曜+不定休 🚌 宮浦港から町営バス停「農協前」下車徒歩3分 M 59P C-3

音楽と旅とアートを愛する人に

本村港前にあり、デッキスペースでコーヒーやビールを飲みながら海を眺めたくなるロケーション。アート展示などの持ち込み企画もウェルカムで、不定期で個展やカフェライブを開催。

なおしまかふぇ こんにちは
直島カフェ コンニチハ

🏠 香川県香川郡直島町845-7 ☎ 087-892-3308 🕐 10:00〜20:00頃（閑散期12:00〜18:00頃）休 不定休 🚌 宮浦港から町営バス停「農協前」下車徒歩1分 M 59P C-3

季節のリゾット（1,080円〜）

カフェライブをきっかけに人と人がつながることも。

自由でアメリカンな雰囲気。

イートインもテイクアウトもOK。晴れた日は外のテーブルで過ごしたい。お腹がすいたら、直島ハマチを使ったオリジナルのご当地バーガー「直島バーガー」を。

直島ハマチのフライに特製タルタルソースを合わせた「直島バーガー（680円）」

まいまい
maimai

🏠 香川県香川郡直島町750 ☎ 090-8286-7039 🕐 10:00〜17:00 休 月曜 🚌 宮浦港から町営バス停「農協前」下車徒歩3分 M 59P C-3

直島

Cafe　Guestroom

お腹を満たし疲れを癒す

カフェ併設の宿

素泊まりでも安心のカフェを併設した宿。気になるメニューとカフェスペース、ゲストルームを紹介します。

ケーキセット(700円)

体にやさしい手作りフード

畑でとれた野菜を使った日替わりランチや自家製ジャムをかけたヨーグルトが付くモーニング(600円/10時まで)がおすすめ。

かふぇ いっぽ
カフェ いっぽ

住 香川県香川郡直島町696-3　☎087-892-2516　営カフェ 8:00～16:00(金・土曜17:30～21:00)　休月曜+不定休　¥1泊1人4,000円　交宮浦港から町営バス停「役場前」下車徒歩5分　M 59P C-3

宿は女性専用で、和室と洋室がある。

お風呂もご飯も便利な カフェ&ドミトリー

直島銭湯「I♥湯」の隣に建つ。お風呂に入ってカフェでご飯を食べて、すぐにドミトリーで寝られる便利さがいい。

りとるぷらむ
Little Plum

住 香川県香川郡直島町2252-1　☎087-892-3751　営カフェ 土日祝と繁忙期平日11:00～22:00、閑散期15:00～22:00(火曜17:00～)　休月曜(祝日の場合翌日)　¥1泊1人3,000円～　交宮浦港から徒歩5分　M 59P A-3

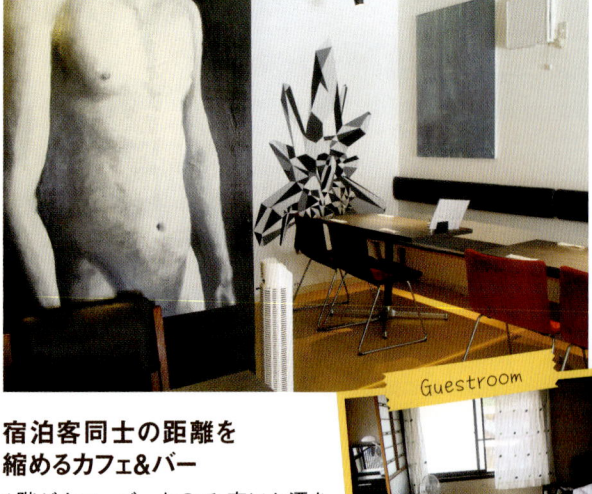

宿泊客同士の距離を縮めるカフェ&バー

1階がカフェバーなので、夜にお酒を飲んでそのまま2階の部屋で寝られる。翌日は手作りの朝ご飯を。

しなもん
シナモン(Cin.na.mon)

住 香川県香川郡直島町2310-31　☎087-840-8133　営カフェ 11:00～15:00／17:00～22:00　休月曜+不定休　¥1泊朝食付1人4,000円～　交宮浦港から徒歩3分　M 59P A-3

昼はカレー(750円～)がおいしいカフェ、夜は魚料理のほかお酒も楽しめる。

Cafe

Guestroom

ウェディングパーティが行われたこともあるガーデン。

森に佇むヨーロピアンな館

アンティーク調の家具に囲まれたカフェスペースの奥にゲストルームがある。静かな森の中で過ごすひとときは、日常の疲れを癒やしてくれる。

いっぷくちゃや
いっぷく茶屋

🏠 香川県香川郡直島町1340 ☎ 087-892-4121 営 カフェ 10:00 ～ 17:00 休 月曜 ¥ 1泊1人5,800円（4名以上の場合）、1組限定2～9名まで 交 宮浦港から町営バス停「農協前」下車自転車で約15分（宿泊の場合送迎あり） M 59P C-4

Guestroom

島の静けさに身をゆだねて

町並みからはずれた静かな環境に建つ。完全個室のゲストルーム3室は和室と洋室から選べる。

げすとるーむ あおいとり
guest room 青い鳥

🏠 香川県香川郡直島町2252-1 ☎ 087-892-2012 営 カフェ 11:00 ～ 17:00 休 月曜＋不定休 ¥ 1泊朝食付1人4,000円～ 交 中学校前から徒歩約10分 M 59P C-3

Cafe

カフェはしばらくの間、宿泊者のみ利用。瀬戸内国際芸術祭2016からは問い合わせを。

Cafe

カフェに新しく併設した女性専用の宿

いままで自宅カフェだった「清」が、2014年から女性専用の宿を併設。宿泊客は和食を中心とした夕食と朝食（洋食）が食べられる。

ほっこりみんしゅく さや
ほっこり民宿 清

🏠 香川県香川郡直島町2310-168 ☎ 087-892-3821 営 カフェ 要問い合わせ 休 月曜＋不定休 ¥ 1泊2食付1人6,800円（小学生以下5,800円） 交 宮浦港から徒歩5分 M 59P A-3

Guestroom

直島

昼とは違う島風景が見つかる
島の宿

瀬戸内海に沈む夕日や朝日の美しさといったら…。
島に泊まる人だけが鑑賞できる自然のアートです。

お腹がすいた人にうれしい
お菓子の無人販売もあります。

築80年の民家に泊まる

歴史ある本村の町並みに建つ純和風の民宿。共用の和室では、宿のペットの犬や猫と遊びながら旅人同士で和気あいあいと過ごすことができる。Wi-Fi完備。コインランドリー設置。有料で直島の砂浜で拾った貝殻などを使ったアクセサリーが作れる（要予約）。

みんしゅく おやじのうみ
民宿 おやじの海

住香川県香川郡直島町774 ☎090-5261-7670 休不定休 ¥1泊1人 4,000円、朝食付 4,500円（1人の場合朝食付 5,000円、3歳〜小学生 2,800円）交宮浦港から町営バス停「農協前」下車徒歩1分 M59P C-3

家プロジェクト「南寺」
の向かい側に建つ。

縁側でのんびりしたい宿

「カフェサロン中奥」が運営する、昭和の雰囲気漂う一軒家を改装したドミトリーと個室のある素泊まり宿。共同キッチンでは自炊も可能。縁側の廊下では猫の「うたね」ちゃんがのんびり寝ている。

げすとはうす ろじとあかり
ゲストハウス 路地と灯り

住香川県香川郡直島町729 ☎080-3058-3887 休火曜＋不定休 ¥1泊1人 3,200円〜 交宮浦港から町営バス停「農協前」下車徒歩5分 M59P C-3

52

直島

直島沖に浮かぶ定期船のない島
Mukaijima 向島

直島でカフェが集中する本村地区にある本村港。海辺に立つと目の前に見えるのが人口十数人の小さな島、向島です。定期船がないため、そこに住む人たちは一人一隻マイ船を持ち、島と島を往来しています。

向島には、直島から海上タクシーかゲストハウス「向島集会所」の管理人さんの船に相乗りすれば5分足らずで着きます。おじいさんがクジャクを飼っていたり、きれいな砂浜を見つけたりと、素朴な風景に出会えます。

向島で唯一のゲストハウス

テント泊ができるキャンプ場のほか、海岸近くには古民家を利用した宿舎もあり、様々な滞在スタイルが楽しめる。

むかいじましゅうかいじょ
向島集会所

住 香川県香川郡直島町2835 ☎090-1566-0103 休不定休 ¥1日利用1人3,500円〜（小学生以下2,000円）、キャンプサイト1人1,800円 交本村港から船で5分 M 59P C-3

飼い猫が5匹いるので、猫好きさんにもおすすめ。

自然に囲まれた古民家が
リノベーションでアートな宿に！

本村の町並みと瀬戸内の海を見おろす高台に建つ宿。広々とした共有スペースから眺める緑豊かな庭に心が癒される。女性・男性専用ドミトリーもあるので、一人旅も安心。

ばんぶーびれっじ
Bamboo Village

住 香川県香川郡直島町3299-2 ☎087-892-3739 休不定休 ¥1泊朝食1人4,000円〜 交宮浦港から町営バス停「役場前」下車徒歩5分 M 59P C-3

かえるの部屋、蝶々の部屋などネーミングが楽しい。

ファミリーやグループに最適
カラフルな1棟貸しの宿

「マローラおばさん」とは、イギリスに実在するホストマザーの名前。欧州のおしゃれなインテリアをイメージした宿は、あまりのかわいさに「ここに泊まるのが楽しみ」という人も。

まろーらおばさんのいえ
Mrs. Maroulla's HOUSE

住 香川県香川郡直島町2310-82 ☎090-7979-3025 休不定休 ¥1泊15,500円（1棟貸し切り） 交宮浦港から徒歩3分 M 59P A-3

島のスーパーで食材を買ってキッチンで料理ができる。

かさばる寝間着は持参不要
女性専用ドミトリー

「007記念館」に隣接する個室付きドミトリー。アメニティや寝間着を常備。宿から徒歩1分の「直島銭湯I♥湯」に持ち出し可能なお風呂セットも用意。海外旅行経験の豊富なオーナーは英語対応可能なので外国人客もOK。

やどくるむ
宿 くるむ

住 香川県香川郡直島町2294 ☎090-5717-1292 休無休 ¥1泊3,200円〜 交宮浦港から徒歩1分 M 59P A-3

女性専用だが1グループで貸し切り（2万円）の場合は男性も泊まれる。最大収容人数9名

直島

地元の人の感覚で 昼ごはん

瀬戸内海の海の幸から讃岐うどんまで。
昼ご飯におすすめの地元の名物をご紹介。

焼き魚定食
(1,000円～1,300円)

ぶっかけうどん(480円)

朝どれの魚を豪快に食す

島の漁師から仕入れる新鮮な魚を使った料理はぷりっぷりのおいしさ。定食の刺身や焼魚、煮魚はその日の魚によって種類が変わるので、いつでも旬の味が楽しめる。隣の「ギャラリー NaoPAM」では藁アートを展示。

しましょくどう みやんだ
島食DO みやんだ
住 香川県香川郡直島町2268-2 ☎087-813-4400 営11:00～20:00 休月曜(美術館休館日に準ずる)＋不定休 交宮浦港から徒歩3分 M59P A-3

主人が海で獲ってきたカメノテのだしがきいた味噌汁は旨味たっぷり。

島で長年愛され続ける讃岐うどん

昭和の頃から続く手打ちうどん店。生地を一晩寝かせ機械に頼らずに手づくりする麺は、讃岐うどん独特のしっかりとしたコシが感じられる。だしはイリコや昆布の一番だしを使うなど、常に最高のおいしさを追求している。

やまもとうどんてん
山本うどん店
住 香川県香川郡直島町2526-1 ☎087-892-4072 営10:00～16:30(なくなり次第終了) 休日曜 交宮浦港から町営バス停「生協前」下車徒歩1分 M59P B-3

温玉肉ぶっかけ(530円)は、甘辛く煮込んだ牛肉のうま味が溶け込み、濃厚で後をひくおいしさ。

コシが命、海辺の手打ちうどん店

着岸前のフェリーから見える、黒いモダンな建物が目をひくうどん店は、外国人観光客にも人気。弾力があり、しっかりとした麺に、イリコの香り高いだしが絡まります。ボリュームにも大満足。

きのさきうどん
木の崎うどん
住 香川県香川郡直島町2071-4 ☎080-8636-7903 営11:00～麺がなくなり次第 休木曜 交宮浦港から徒歩3分 M59P A-4

店頭では、2代目の主人が力強く麺を打つ姿が見られる。

54

直島

おまかせコース(3,000円～)は、2名から受付

地元の人の感覚で
夜ごはん

素泊まり宿に泊まる人にもうれしい、島の夜ご飯スポットです！

割烹のクオリティがここにある

和食・割烹店で修行を積んだ主人の店で、新鮮な魚料理が食べられる。刺身定食や刺身、焼物、揚げ物など魚三昧のおまかせコースのほか、その日の魚を使ったメニューが黒板に書かれているのでチェックを。

にゅーおりんぴあ
ニューおりんぴあ

住 香川県香川郡直島町2310-30
☎ 087-892-3092 営 17:00～22:00（OS21:00）休 日曜（月曜が祝日の場合、月曜休）交 宮浦港から徒歩5分 M 59P A-3

座敷や宴会スペースもあり。

オムライス(790円)

昼も夜も居心地の良い昭和なカフェ

本村の集落を見下ろす高台に建つお店。昼は香り高いドリップコーヒーやオムライスが定番だが、夜はアルコールやおつまみも登場し、お腹を満たしてほろ酔いになれる夜カフェに変身。

かふぇさろん なかおく
カフェサロン 中奥

住 香川県香川郡直島町本村字中奥1167 ☎ 087-892-3887 営 11:30～15:00、17:30～21:00 休 火曜＋不定休 交 宮浦港から町営バス停「農協前」下車徒歩8分 M 59P C-3

席に限りがあるので、予約がおすすめ

地元の人たちも多く訪れるので、島のおすすめスポットを教えてもらえるかも。

カジュアルに夜を過ごすなら

深夜にお腹がすいたときにもOKのカフェバー。コーヒーやモヒートなどのカクテル、直島限定麦酒3種類が飲めるほか、SARUオリジナルホットドックやピザ、ナチョスなどフードも充実。

かふぇあんどばー さる
cafe&bar SARU

住 香川県香川郡直島町2243
☎ 090-6414-6694 営 18:00～未定 休 日曜 交 宮浦港すぐ M 59P A-3

55

直島

島のおとうさんおかあさんに会いたい！

直島にいくと、明るく陽気な島のおとうさん、おかあさんの笑顔が無性にみたくなるときがあるんです。

A お客さんが旅の思い出を綴ったノートが何冊もあるから見においで。

B たばこアートを見に来てください。

C しゃべりすぎには注意やで。／お客さんとのトークに花が咲くわ〜。

D 数種類の型を使いこなして手焼きせんべいを作っています。

E 甘くておいしいまんじゅうはいかが〜。

直島

島のおとうさんおかあさんに会える店!

A 寄せ書きノートが人気の証。

大阪仕込みのふわふわ食感がうれしいお好み焼きと直島塩やきそばが人気。観光客か書き溜めた寄せ書きノートを読むと、この店と笑顔がチャーミングなおじさんがどれほど愛されているかがわかる。

海っ子（うみっこ）
住 香川県香川郡直島町積浦4777-8 ☎087-892-2358 営11:00～14:00、17:00～21:30 休水曜 交宮浦港から町営バス停「天皇下」下車徒歩1分 M 59P C-4

直島塩焼きそば（900円）

C おしどり夫婦とのトークが楽しい

昼間は食事処、夜はスナックに変身。猛烈マシンガントークを繰り広げるママと、隣で静かにお酒を提供するご主人のかけあいは、まるで夫婦漫才のようでほほえましい。元気になりたいあなたにおすすめ。

食事処・スナック いこい（しょくじどころ・すなっく いこい）
住 香川県香川郡直島町2249-18 ☎087-892-3324 営7:00～24:00 休無休 交宮浦港からすぐ M 59P A-3

B たばこコレクションの宝庫!

シガレットケースにもコラージュが!

昭和のままの姿を残したなつかしの文具店。ところが、店内を見渡すと、浮世絵の男女がたばこをくわえ、店主の灰皿には「たばこ」の文字がコラージュされている。店主の「たばこ愛」に脱帽です。

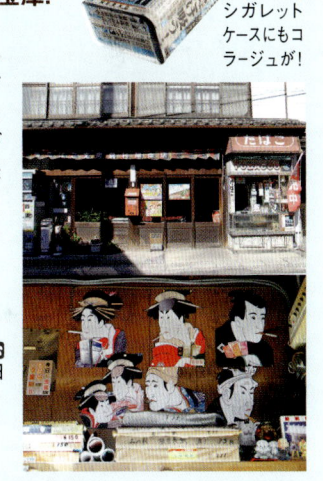

村尾商店（むらおしょうてん）
住 香川県香川郡直島町2310-22 ☎087-892-3053 営8:00～18:00 休元日 交宮浦港から徒歩5分 M 59P A-3

E 50年続く島のお菓子屋さん

昭和の古きよき時代の趣が残る

直島でおやつや手土産といえばここのお菓子だった。「直島女文楽もなか」や「恋わすれ貝もなか」、「あかがねまんじゅう」など、直島の文化や歴史、産業にちなんだ和菓子が人気で、昔ながらの製法を守り続けている。

イワタコンフェクト（いわたこんふぇくと）
住 香川県香川郡直島町2310-1 ☎087-892-3179 営8:00～18:00 休月曜 交宮浦港から徒歩5分 M 59P A-3

お菓子は店の奥で作っている

「直島女文楽もなか（140円）」や「恋わすれ貝もなか（110円）」、「あかがねまんじゅう（110円）」など、直島の文化や歴史、産業にちなんだ和菓子が人気。

D こんがり香ばしく素朴な味

島名物手焼きせんべいの店。専用の焼き型を使い1枚ずつ低温でじっくりと焼いたせんべいはおよそ10種類にものぼる。「直島銅形せんべい（400円）」は、大正時代から精錬所の島として栄えた直島への思い入れが強い1枚。

恵井高栄堂（えいこうえいどう）
住 香川県香川郡直島町891-3 ☎087-892-3217 営不定（インターホンで呼び出し）休不定休 交宮浦港から町営バス停「役場前」下車徒歩10分 M 59P C-3

Writer's Notebooks

直島

007「赤い刺青の男」記念館で放映中の、幻の映画とは？！

宮浦港から徒歩3分の場所に建つ、ごく普通の民家。ですが、実は建物の一部が人気スパイ小説「007」シリーズの「赤い刺青の男」記念館になっています。なぜ「007」の記念館が直島に？

ことの始まりは2001年。007シリーズの作家レイモンド・ベンスン氏が日本を舞台にした小説を書くため来日した際、直島を訪れ、小説「赤い刺青の男」の重要な舞台として取り上げたそうです。それが起爆剤となり、島の中で「直島を007映画のロケ地に！」という声が上がり、署名を集めて作家や映画配給会社に要望書を送りました。やがて、誘致運動は香川県をあげて盛り上がり、2007年には「ボンドガールはうちや！」コンテストを開催し、香川のボンドガールまで誕生。

それらの活動を象徴するのが、007「赤い刺青の男」記念館。館内には、小説007「赤い刺青の男」を中心に、物語の主人公ジェームズ・ボンドの世界を表現する絵や過去の映画パンフレットなどがずらりと並び、見応えたっぷり。奥のスペースでは直島の人たちが自主制作したミニ映画「赤い刺青の男 直島版」が放映されていて、よく見ると、さっき港やお店で会った島のおとうさんやおかあさんが登場しているではないですか。ちょっぴりセリフの棒読みはご愛嬌。シリアスな映画を精一杯演じる島の俳優さんを見ながら、あぁやっぱりさっき会った島の人たちだと思い、ホッとしました。

現在、「赤い刺青の男」の映画化は実現していないそうですが、私はそれでもいいなと思いました。島の人たちが作ったミニ映画の中に、直島の良さが十分詰まっていたからです。

007「赤い刺青の男」記念館
- 香川郡直島町宮ノ浦2310
- ☎087-892-2299（直島町観光協会）
- 9:00～17:00
- 休 年末年始
- 入場料 無料
- 宮浦港から徒歩3分

直島のペットたちは、愛嬌たっぷりです

直島では行く先々でいろいろな動物たちに出会いました。その一部をご紹介します。

「Apron Cafe」に住む犬
普段はテラス席にいます。おりこうさんなので、お客さんがいるときはおとなしくしています。（お店はP48で紹介）

ゲストハウス「路地と灯り」に住む白鳥
「庭の奥で鳥を飼っているんです」と案内されてみると、大きな白鳥の乗り物でした。ちゃんと生きた猫も暮らしています。（施設はP52で紹介）

ゲストハウス「向島集会所」に住む猫
お母さん猫の花と、その子どもたち、やすし、談志、いくよ、くるよの総勢5匹が暮らしています。（施設はP53で紹介）

「cafe&bar SARU」に住む犬
どこにいるか分かりますか？実は、お店の屋根の上にいます。ちゃんと犬小屋もあるんですよ。（お店はP55で紹介）

見晴らしがいいワン～

「ギャラリーNaoPAM」に住むナウマン象
「島食DOみやんだ」に併設する古民家を改修した建物「ギャラリーNaoPAM」の中に入ると、大きなナウマン象が！ 瀬戸内海は、海底から何千個もの化石が発見されていることから、陸地であった大昔はナウマンゾウの生息地であったとされています。この象は、その話にちなんで武蔵野美術大学の「わらアートチーム」が製作したナウマン象の巨大わらアートなのです。（お店はP54で紹介）

ライター／山下亜希子

Naoshima 直島

本州から香川の島をめぐる拠点港
港町めぐり宇野

直島、豊島、小豆島、そして高松行きの航路を持つ宇野港は、本州から島へ行くのにとても便利な港。そんな宇野の町は、ここ数年で移り住む人や新しいお店が増えて、なんだかとても元気です。船待ち時間をぼんやり過ごすにはもったいないくらい魅力的なスポットをご紹介。

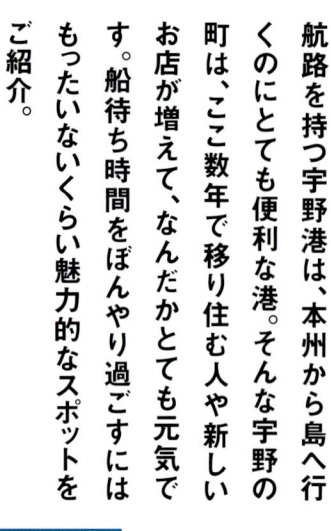

とれたて新鮮、お魚天国!

市場でとれたての魚を食べる
毎週土・日曜のみ魚市場で買った魚をその場で食べることができる「勝手にごはん会」。プラス100円でご飯とあら汁も!

しーさいどまーとたまのうおいちば
シーサイドマート 玉野魚市場
住 岡山県玉野市宇野1-7-5 ☎ 0863-31-2701 営 木〜日曜10:00〜13:00(販売)土・日曜11:00〜13:00(勝手にごはん会) 休 月〜水曜 交 宇野港から徒歩5分

焼きたてのアナゴ(1パック1,100円〜)をご飯にのせれば、「アナゴ丼」が完成。

味も量も抜群の愛され食堂
瀬戸内の魚を使った焼き魚や煮魚がメインの「魚定食(600円)」のほかに、カツ丼やしょうが焼きなど腹ぺこさんも大満足。

おおさかやしょくどう
大阪屋食堂
住 岡山県玉野市築港2-3-20 ☎ 0863-21-4026 営 11:30〜22:00 休 第2・4・5日曜 交 宇野港から徒歩5分

宇野港

個性全開、宇野カルチャー

人が集う港町の空間
交流拠点としてカフェを基軸にイベントを開催。日替わりで店長が違うなど、さまざまな顔を見せてくれる。

こむにすぺーす うず
Comuni Space「uz」
住 岡山県玉野市宇野1-4-16 ☎090-5696-1909 営10:00頃～23:00頃 休不定休 交宇野港から徒歩3分

自衛艦カレー（850円）

週に2日オープンする和とオリエンタルの空間
築150年の蔵を改装したハンドメイドジュエリーのサロンが、金・土曜のみカフェになる。夜はお酒もぜひ。

あにくらぽ
ANIKULAPO
住 岡山県玉野市田井4-31-19 ☎0863-31-0506 営13:00～17:00、19:00～23:30 休金・土曜のみ営業 交備前田井駅から徒歩10分

カフェ使いができるゲストハウス
カレーや瀬戸内海のアナゴを混ぜこんだ「たまの温玉めし（850円）」が定番。食後は挽きたてのコーヒーを。

みなとしょくどうあんどげすとはうす りっと
港食堂＆ゲストハウス lit
住 岡山県玉野市宇野1-4-4 ☎0863-21-2725、090-5696-1909 営不定 休不定休 交宇野港から徒歩1分

アーティストのシェアアトリエが！

多彩なアートに出会えるアトリエ
巨大な倉庫にアーティスト約9名のアトリエが集まる。見学もできるので、多彩なアートに触れるチャンス。

えきひがしそうこ
駅東創庫
住 岡山県玉野市築港5-4-1 ☎0863-32-0081 営10:00～17:00（見学時間） 休火曜 交宇野港から徒歩5分

不定期で展示会などのイベントも開催しています。

淹れたての珈琲や焼き菓子をテイクアウトできる。

暮らしになじむ道具たち
薄くて軽い備前焼から肌触りのよいファブリックまで、オーナー夫妻が実際に使ってみて、いいと感じた生活用品をセレクト。

ぼらーど／ぼらーどこーひー
bollard/BOLLARD COFFEE
住 岡山県玉野市築港1-10-6 ☎0863-33-3286 営10:00～17:00（月・火・金曜は12:00～） 休水・木曜 交宇野港から徒歩3分

61

めおん号がつなぐ2つの島

女木島
男木島
Megijima
Ogijima

高松港からフェリーで20分の女木島。「桃太郎」に登場する鬼ヶ島だと言われている島です。その女木島を経由して20分。迷路のような路地が待つ男木島に到着です。2つの島は1つのフェリーで結ばれています。フェリーの名前はめおん号。赤と白のコントラストがかわいくて、「めおん」と名前で呼ばれています。さあ、めおんに乗って2つの島に出かけましょう。

女木島から男木島へ

女木・男木島

洞窟まで僕が案内するよ！

洞窟の中はまるで迷路。天井にノミの跡が残っていて、人の手によってくり抜かれた洞窟であることがわかる。

鬼ヶ島の由来になった大洞窟を探検

鷲ヶ峰の中腹にある長さ400mの大洞窟。わずかな灯りを頼りに洞窟の中を歩くと、「鬼大将の部屋」や「鬼の力水」など、ロマンあふれる不思議の世界が広がっている。

おにがしまだいどうくつ
鬼ヶ島大洞窟
住 香川県高松市女木町2633 ☎087-840-9055（鬼ヶ島観光協会） 営 8:30～17:00 休 無休 ¥ 一般500円、小・中学生250円 交 女木港からバスで10分、徒歩40分。M 68P C-3

女木島めぐりはここからスタート！
船が島に近づくと見えるのは、鬼が手を広げた姿をイメージした待合所。全国の鬼に関する資料や女木島の歴史を紹介した資料館のほか、「鬼うどん」が食べられる食堂もある。鬼グッズも要チェック。

うどんに角!?
女木島名物「鬼うどん」
角に見立てたエビの天ぷらが2本の大（800円）と角1本の小（550円）がある。おにの館の食堂でどうぞ。フェリーの中で食べられるようお持ち帰りもあり。

おにがしまおにのやかた
鬼ヶ島おにの館
住 香川県高松市女木町15-22 ☎087-873-0728 営 8:00～17:00（おにの館）、10:00～14:20（食堂） 休 無休（おにの館）、火曜（食堂） ¥ 無料 交 女木港すぐ M 68P C-4

旅の思い出はここで。鬼ヶ島グッズを買って帰ろう。

桃太郎伝説が残る潮騒の島で鬼めぐり
女木島
（めぎじま）

謎の洞窟が発見されたことから、「鬼ヶ島」と呼ばれている女木島。鬼の灯台や鬼の道標、鬼の館に、鬼うどんまで、島のあちこちでいろんな鬼が待っています。夏は海水浴の人々で賑わいます。

灯台まで鬼なんて、さすが鬼ヶ島！フェリーの上から撮影するとgood！

おにの館には女木島のマップも置いてあるので、島めぐり前に手に入れよう。

63

女木・男木島

女木島ならではの風景
冬の強風から家を守るために築かれた石垣。「オーテ」と呼ばれている。

おーて
オーテ
交 女木港すぐ M 68P C-4

島を見守る海の神様
集落を見守るかのように小高い場所に立つ。2年に1度行われる住吉神社大祭では、太鼓台ごと海の中に入る「あばれ太鼓」が有名。境内からの眺めも素敵。

すみよしじんじゃ
住吉神社
住 香川県高松市女木町 交 女木港から徒歩10分 M 68P C-3

ぐるり360度、瀬戸内海を独り占め
鬼ヶ島大洞窟を出て10分ほど。女木島の最高峰鷲ヶ峰展望台は、島一番の眺望スポット。ぽっかり浮かぶ島々、行き交う船…、瀬戸内海をぐるり360度楽しもう。桜の名所としても有名。

わしがみねてんぼうだい
鷲ヶ峰展望台
交 鬼ヶ島大洞窟から徒歩10分。女木港から徒歩50分。M 68P C-2

女木島
ごはん&泊まる

島ならではのお魚がおいしいお店に、アートを楽しみながらお茶できるカフェ。海水浴シーズンには海の家もオープンします。

魚と野菜。島の恵みをとことん味わう
畑の中に佇む一軒家。大阪で修業した島出身のご主人が腕を奮う食事処。魚は漁から帰ってきた漁師の船に乗り込んで仕入れる。定食はおまかせで、1,000円と1,500円。要予約。

きしゅん
鬼旬
住 香川県高松市女木町453 ☎ 087-873-0880
営 11:30～14:00 休 不定休 交 女木港から徒歩10分 M 68P C-3

島の魚と島の野菜たっぷり。島ならではのごちそう定食。

目の前はビーチ。波の音で目覚める贅沢
島で唯一、一年中泊まれる宿。食事処「鬼旬」とオーナーが一緒なので、料理も楽しみ。

みんしゅくりゅうぐう
民宿龍宮
住 香川県高松市女木町453 ☎ 087-873-0205
¥ 一人 7,500円 (税別) 1泊2食付 交 女木港から徒歩5分 M 68P C-3

アート作品を眺めながらひと休み
アルゼンチン生まれのアーティスト、レアンドロ・エルリッヒの作品に併設されたカフェ。カフェのほか、島の本を集めた図書館もある。アートなカフェタイムを楽しんで。

レアンドロ・エルリッヒ「不在の存在」
撮影:中村脩

かふぇ いあら めぎじま
カフェ イアラ 女木島
住 香川県高松市女木町185 ☎ 087-813-1741 (瀬戸内こえびネットワーク) 交 女木港から徒歩5分 M 68P C-3 ※瀬戸内国際芸術祭の作品なので、公開日・時間は季節により異なります。詳しくは http://setouchi-artfest.jp/

女木・男木島

男木島(おぎじま)

坂道をのぼる。路地で迷う。集落を歩こう。

坂道や石段が迷路のように広がる男木島は、歩く島。坂道を登って降りて、路地で迷って行ったり来たり。歩けば歩くほど、素敵な出会いが待っています。フェリーが島に近づいたら、ぜひ甲板へ。男木島ならではの風景が迎えてくれます。

映画のロケ地にもなった美しい灯台

映画「喜びも悲しみも幾年月」（昭和32年）をはじめ、TVドラマのロケ地にもなった灯台。隣接する資料館は元灯台職員住宅。島の歴史や暮らしについての展示も。

おぎじまとうだい おぎじまとうだいしりょうかん
男木島灯台＆男木島灯台資料館

🏠 香川県高松市男木町1064-2
☎ 087-873-0001（男木出張所）
🕘 9:00～16:30 ［開館日］7・8月の毎日、9～6月の日曜・祝日（その他の日予約可）
¥ 無料
🚢 男木港から徒歩約30分
M 69P C-1

資料館には男木島の歴史や暮らしに関する展示も。

高台から島を見守る玉姫さま

島の人たちから親しみをこめて"玉姫さん"と呼ばれている神社。安産の神様として知られる。島一番のビュースポット。

豊玉姫神社に続く石段には2つの鳥居。2番目の鳥居にたどり着いたら、ぜひ後ろを振り返って。男木島ならではの風景が待っている。

とよたまひめじんじゃ
豊玉姫神社

🚢 男木港から徒歩約15分
M 69P B-4

女木・男木島

集落を歩こう。
出会いの数だけ男木島好きになる。

男木島を訪れた人の多くが、男木島を好きになって帰っていきます。その理由は、島の人たちとの出会い。「どこから来たん？」「灯台には行った？」。あったかい笑顔と気さくな人柄に、ついつい話も弾みます。

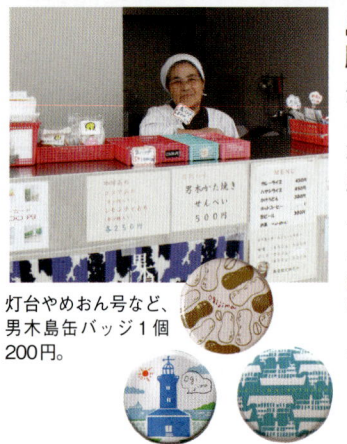

灯台やめおん号など、男木島缶バッジ1個200円。

島のお母さんが順番でお店番

瀬戸内国際芸術祭のアート作品として生まれた島のシンボル。軽食やお土産、船の切符などを販売。レンタサイクルもある。

おぎこうりゅうかん
男木交流館

住 香川県高松市男木町1986 ☎087-873-0006 営9:00～16:30（開館は6:30～17:00）￥無休 交男木港前 M69P A-4

お母さん手作りのお弁当も登場

瀬戸内国際芸術祭2013を機に生まれた島テーブルは、来訪者と島の人たちの交流スポット。島でとれた食材を使ったサザエ飯（400円）などを販売。（開催日は要確認）

しまてーぶる
島テーブル

住 香川県高松市男木町 ☎087-873-0002（男木島コミュニティ協議会）営10:00～17:00 休不定休 交男木港前 M69P A-4

その日とれた魚を販売することもあります。ぜひ、寄ってください。

自分の家のようにゆっくりくつろいでください。

大将と女将さんの人柄にほれる宿

タコ壺漁師のご夫婦が島の親戚の家にきたように、温かく迎えてくれる宿。名物はふんわりさくら色したタコ飯で、これが食べたくてリピーターになる人も多い。予約すれば食事だけの利用もできる。

りょうしやどみんしゅくさくら
漁師yado民宿さくら

住 香川県高松市男木町1番地 ☎090-7625-3159 ￥宿泊 1泊2食付6,000円～（税別）※食事のみの利用可（要予約、1,500円～/税別）交男木島港から徒歩5分 M69P B-4

オンバを見ながら、ゆったり島時間

男木島ではすっかり日常の風景となったお母さんたちのマイ・オンバ（乳母車）。彫刻家の大島よしふみさんが一人ひとりの暮らしや想いをくんで制作。工房にはカフェも併設。

おんば・ふぁくとりーあんどかふぇ
オンバ・ファクトリー&カフェ

住 香川県高松市男木町216 営11:00～16:30 休月～金 交男木港から徒歩3分 M69P B-4 http://blog.livedoor.jp/onbafactory/

"道場"という名前の島のお寺

お坊さんたちの布教の場だった道場を、島出身のご夫婦が再興。男木島の歴史や昔話などを教えてくれる。場内には宿坊があり、泊まることができる。

どうじょう
道場

住 香川県高松市男木町1881 ☎087-840-9612 ￥宿泊 お布施として1人2,000円（素泊まり）交男木島港から徒歩6分 M69P B-3

男木島の歴史など気軽に聞いてください。

島のお母さんたちに会ったら、気軽に話しかけてください。いろいろ教えてくれますよ。

男木島の夕日はきれいです。ぜひ見に来てください。

女木・男木島

タコが入ったお好み焼きをパクッ

男木港のすぐ目の前にあるお好み焼き屋さん。お母さんが一人で切り盛りする店内は、昔懐かしい素朴な雰囲気。一番人気は島のタコが入った「地ダコ玉焼き(600円)」。

むらかみしょうてん
村上商店

🏠香川県高松市男木町男木港前 ☎090-3786-0601 🕐10:00～17:00 休不定休 交男木港前 M69P B-4

> タコが入った焼きそばも人気です。夏は天草から作った自家製のトコロテンもメニューに登場しますよ。

> フェリーが港に近づいたら、のれんがかかっているか、チェックしよう。

宿泊もできる夕日自慢のお食事処

名物は男木島のおかず味噌、醤(ひしお)がのった「ひしおぶっかけうどん(500円・2日前までに要予約)」。「地魚定食(1,000円)」や「タコ天定食(1,000円)」も人気。宿泊もできる。

おしょくじどころ　まどか
お食事処 円

🏠香川県高松市男木町1925-2 ☎087-873-0703 🕐11:00～17:00 休水曜 ¥1泊2食付6,000円、1泊朝食付5,000円、素泊まり4,000円 交男木港から徒歩3分 M69P B-3

島の人も訪れる古民家カフェ

おばあちゃんが暮らしていた古民家をお孫さんがリノベーション。島の食材で作るランチ(500円)は素朴な家庭料理。香川のお雑煮「白みそあん餅雑煮(600円)」も食べられる。

おぎじまかふぇたち
男木島 cafeTACHI

🏠香川県高松市男木町111 ☎080-6285-4773 🕐11:00～16:00 休不定休 交男木港から徒歩3分 M69P B-4

> TACHIは私のおばあちゃんの名前です。アットホームなカフェです。気軽にどうぞ。

> 島に泊まると夕日をゆっくり楽しむことができます。円の夕日のテラスで食事しながら楽しんでください。

> 店内には大将が撮影した夕日の写真もあります。ぜひ見に来てくださいね。

Megijima 女木島

Writer's Notebooks 女木島

恋人岬は歩くべきか、眺めるべきか。

女木島海水浴場の石の突堤広場には、恋人岬というロマンチックな名前が付けられています。白い砂浜、青い海、遠くに見える島々…。一人で歩いても二人で歩いても、美しいロケーションが待っています。石の突堤は鬼の角の形をしています。でも、海岸からはなかなかその姿を想像できません。そこでオススメしたいのが、大洞窟の上にある鷲ヶ峰展望台。展望台から眺めると、そこには、鬼の角！もちろん一人でもきれいに見えますよ。

ライター／山本政子

山の中腹にある俵石。山の木を切るときは、必ずこの石にお断りしてから切るとか。

5世紀ごろの古墳「円山古墳」。珍しいハート型の耳飾りなどが出土。

鬼ヶ島大洞窟の入り口近くにある売店では、きびだんご(1皿100円)が食べられます。

地図上の地名

- 女木島野営場
- 俵石
- 女木海浜公園
- 鷲ヶ峰展望台 (P.64)
- 鬼ヶ島大洞窟 (P.63)
- 西浦漁港
- 円山古墳
- 瀬戸内海
- 女木島観光協会
- 日蓮上人銅像
- 住吉神社 (P.64)
- 民宿龍宮 (P.64)
- 女木島局
- 恋人岬
- 鬼旬 (P.64)
- 女木小
- 鬼ヶ島海水浴場
- カフェイアラ 女木島 (P.64)
- 女木島キャンプ場
- 女木八幡神社
- JA
- オーテ (P.64)
- 鬼ヶ島おにの館 (P.63)
- 女木港
- フェリーのりば
- 鬼の灯台
- 女木灯台
- 帆槌ノ鼻

【DATA】起点の港／高松港(香川県高松市) 1日6便　レンタサイクル／女木港:鬼ヶ島おにの館 ☎087-873-0728　問い合わせ／女木島観光協会 ☎087-840-9055

500m

● 食事　● アート作品　● 見どころ　● 宿泊　● その他　　県道　　国道　文学校　⛩神社　卍寺院　H宿泊施設　X警察署　〒郵便局

68

Ogijima 男木島

男木島

旅の途中に1時間だけの島暮らし体験

島好きが高じて男木島に移住した小野さんが運営するコミュニティスペース「かもめや」。島の古民家をリノベーション。小野さん曰く「男木島の秘密基地」。「ふらっと島に来て仕事をしたり、本を読んだり。研修やイベントに利用するなど、海の見えるワーキングスペースとして利用して欲しい」とのこと。旅の途中に一時間だけの島暮らし体験。それも素敵かも。

かもめや
香川県高松市男木町1896-1
ogikamome@gmail.com 不定(Facebookページで事前にお知らせ) https://www.facebook.com/ogikamome 休憩・立ち寄りは無料。コワーキング設備利用の場合1時間320円より。貸切・団体利用については応相談。男木港から徒歩4分 M B-4

地図上の地名・施設

- トウガ鼻
- 男木島灯台 & 男木島灯台資料館 (P.65)
- 男木島灯台キャンプ場
- 男木島遊歩道
- タンク岩
- ジイの穴
- 道場 (P.66)
- お食事処 円 (P.67)
- かもめや (P.69)
- 豊玉姫神社 (P.65)
- 男木港
- 男木小・中学校
- 村上商店 (P.67)
- オンバ・ファクトリー&カフェ (P.66)
- 男木交流館 (P.66)
- 島テーブル (P.66)
- 男木島cafeTACHI (P.67)
- 神井戸
- 男木漁協
- 漁師yado民宿さくら (P.66)
- 男木漁港
- 加茂神社
- 瀬戸内海
- 加茂ヶ瀬戸

男木島に来た人を笑顔で迎えてくれる豊玉姫神社の狛犬様。

山幸彦(海彦山彦伝説)を祭った加茂神社。社殿に続く参道は凛とした空気が漂う。

男木小・中学校のフェンスアート! M A-4

▲ 瀬戸内国際芸術祭の作品「路地壁画プロジェクト」

【DATA】起点の港／高松港(香川県高松市) 1日6便　レンタサイクル／男木港：男木交流館
☎087-873-0006　問い合わせ／男木島コミュニティセンター ☎087-873-0002

400m

● 食事　● アート作品　● 見どころ　● 宿泊　● その他　　県道　　国道　Ⓧ学校　⛩神社　卍寺院　Ⓗ宿泊施設　Ⓧ警察署　〒郵便局

犬島精錬所美術館　写真：阿野太一

犬島精錬所美術館
柳幸典「ヒーロー乾電池/イカロス・タワー」(2008) 写真：阿野太一

自然エネルギーとアートの融合

近代化産業遺産・銅の製錬所の遺構を保存・再生。自然エネルギーを利用した環境に負荷を与えない三分一博志の建築と、日本の近代化に警鐘をならした三島由紀夫をモチーフにした柳幸典の作品が融合した美術館。

犬島精錬所美術館

岡山県岡山市東区犬島327-5 ☎087-947-1112 営10:00〜16:30（最終入館16:00）休火曜日（3月1日〜11月30日）、火曜日から木曜日（12月1日〜2月末日）いずれも祝日の場合は開館、翌日休館。要WEB確認 ¥2,060円（15歳以下無料）※犬島「家プロジェクト」・シーサイド犬島ギャラリー共通　犬島港から徒歩1分。M74P D-3 http://www.benesse-artsite.jp/inujima/

柳幸典「ヒーロー乾電池/イカロス・セル」(2008) 写真：阿野太一

石の歴史を持つ、アートの島を歩く
犬島
Inujima

島に残る銅製錬所の遺構を保存・再生した犬島精錬所美術館と犬島「家プロジェクト」がある犬島は、良質の花崗岩が産出される島としても知られ、切り出された石は大坂城の石垣や鶴岡八幡宮の鳥居などに使われました。島の暮らしや風景の中に溶け込むアートを巡りながら、石の島の歴史を見つけたり、島の人たちとの出会いを楽しんだり。アートが島との距離をぐっと近づけてくれる。それが犬島です。

犬島

犬島「家プロジェクト」

アーティスティックディレクター・長谷川祐子、建築家・妹島和世によるアートプロジェクト。6つの作品が島の集落に点在する。島の人との出会いも楽しんで。

🏠岡山県岡山市東区犬島327-5 ☎087-947-1112 🕙10:00〜16:30（最終入館16:00）🚫火曜日（3月1日〜11月30日）、火曜日から木曜日（12月1日〜2月末日）いずれも祝日の場合は開館、翌日休館。要WEB確認 ¥2,060円（15歳以下無料）※犬島精錬所美術館・シーサイド犬島ギャラリー共通 http://www.benesse-artsite.jp/inujima/ ※2016年に向け、作品は順次入れ替わる予定です。

F邸/Biota（Fauna/Flora）
アーティスト:名和晃平

山神社に隣接する民家をリノベーションしたギャラリー。様々な形態、テクスチャーの彫刻を空間全体に展開。

写真: Takashi Homma M 74P D-2

C邸/エーテル
アーティスト:下平千夏

空間に縦横無尽に張り巡らされた水糸により現れた光の線。空間でのみ存在しながら互いに繋がり、光の溜まりを創りだす。

写真: Takashi Homma M 74P C-2

A邸/リフレクトゥ
アーティスト:荒神明香

透明アクリルの円形ギャラリー。中に入ると華やかな色の造花の花びらを貼り合わせた作品と風景が眺められる。

写真: Takashi Homma M 74P C-2

石職人の家跡/太古の声を聴くように、昨日の声を聴く
アーティスト:淺井裕介

石職人の家の跡に作品を展開。島内で集めた石や民家の梁を配置した地面に描かれているのは、植物や小さな生き物。

写真: Takashi Homma M 74P D-2

S邸/コンタクトレンズ
アーティスト:荒神明香

大きさや焦点が異なる円形レンズがセットされたギャラリー。周りの景色の形や大きさが歪んで映し出される。

写真: Takashi Homma M 74P C-2

中の谷の東屋

アートと島めぐりの休憩所。"ラビットチェア"に座って、声を出したり音を立てたりすると…。ぜひ体験しよう。

写真: Takashi Homma M 74P C-2

I邸/プレーンミラー、リバース
アーティスト:小牟田悠介

ギャラリーである民家へと続く庭は、季節の草花が愛らしい空間。鏡面を用いた平面と立体のインスタレーション。

提供:妹島和世建築設計事務所 M 74P C-2

チケット無しでもOK お土産とランチはここで

アートの後は、オリジナルグッズが買えるミュージアムショップと、「たこめしセット」などが食べられるカフェへ。

犬島精錬所美術館ストア　写真:阿野太一

犬島チケットセンター ストア&カフェ
（いぬじまちけっとせんたー　すとああんどかふぇ）

🏠岡山県岡山市東区犬島327-5 ☎087-947-1112 🕙10:00〜17:00（LO:16:30）🚫犬島精錬所美術館に準ずる M 74P D-1

美術館内にある開放的で素敵なカフェ

壁や床にカラミ煉瓦が使われたカフェでは、島の人たちと一緒に考えたというスイーツなどのメニューが楽しめる。

精錬所カフェ　写真:阿野太一

精錬所カフェ
（せいれんしょかふぇ）

🏠岡山県岡山市東区犬島327-5 ☎087-947-1112 🕙10:30〜16:30（LO:16:00）🚫犬島精錬所美術館に準ずる M 74P D-3

71

犬島グルメ

古民家を改装したカフェや魚料理中心の和食のお店、食事しながら島の歴史を聞くことができるお店など。不定休のお店が多いので事前確認をお忘れなく。

「本日のパスタ」は季節で変わる2種類。サラダのドレッシングは島のお母さん直伝です。

縁側のある古民家カフェでのんびり
本日のパスタ（900円）

「アート散策後、島でのんびり昼寝できるようなカフェが作りたかった」とオーナーの乙倉さん。地元の食材を使ったパスタが人気。島の人も訪れるので、犬島の話を聞いてみよう。

うきかふぇ
Ukicafe
住岡山県岡山市東区犬島293-2 ☎086-947-0877 営10:00～17:00頃 休火曜、冬期は犬島精錬所美術館に準ずる 交犬島港より徒歩7分 M74P C-2

島の話を聞きながら島の味を楽しむ
犬島丼セット（1,000円）

舌平目のミンチをニンジンやゴボウと一緒に炊き、汁ごとご飯にかけた「犬島丼」は、島で昔から食べられていたかけ汁をアレンジ。舌平目の唐揚げと一緒に。

ありもとしょうてん
在本商店
住岡山県岡山市東区犬島326 ☎086-947-0279 営10:00～15:30 休不定休 交犬島港より徒歩1分 M74P D-2

犬島生まれで犬島育ち。犬島のことなら何でも聞いてください。お土産もあります。

犬島のカフェと言えば、ここtrees
犬島チキンカレー（1,000円）

古民家を改装した店内には、ちゃぶ台やゆったりくつろげるソファが並ぶ。一番の特等席は海が見る窓際の席。居心地の良さに、ついつい長居してしまう。

つりーずいぬじまてん
trees犬島店
住岡山県岡山市東区犬島324 ☎086-947-1988 営11:30～15:00 休不定休 交犬島港より徒歩1分 M74P D-2

72

犬島

島時間を楽しむ
島を歩けば歩くほど、素敵な出会いが待っています。

黒メバルの煮付定食
(1,000円)

島の学校に泊まって、自然を満喫
旧犬島小・中学校を利用した宿泊施設。一部にレトロな木造の校舎や教室が残されている。食事は食材持参の自炊スタイル。シーカヤックや天体観測などの自然体験ができる。

いぬじまぜんのいえ
犬島自然の家
🏠岡山県岡山市東区犬島119-1
☎086-947-9001 営IN16:00〜/OUT10:00 休火曜(祝日の場合は翌日)※7/15〜8/31無休 ¥一人一泊大人2,050円〜、小人1,020円〜。利用10日前までに予約が必要。交犬島港より徒歩12分 M74P B-2 http://www.city.okayama.jp/kyouiku/shougaigakushuu/shougaigakushuu_00026.html

ママカリ釣りや藍染など、各種体験教室開催中。詳細はWebで。

くつろぎのお食事処で魚料理を堪能
和室でくつろぎながら、お料理が食べられる店。季節限定で刺身の付いた鯛めしランチやメバルの煮付け定食が人気。おばあちゃんの家に帰ってきたような雰囲気にリピーターも多い。

いぬじまさとさん
犬島Sato・Sun
🏠岡山県岡山市東区犬島326-19
☎086-947-0950 営11:00〜17:00 休不定休 交犬島港より徒歩1分 M74P D-2

港から海沿いを歩いて1分ほど。細長い看板が目印。

その佇まいが美しい島の商店
山神社のそばにある島の商店。築100年以上という日本家屋で、ジュースやお茶、夏にはアイスクリームも販売。

なかやましょうてん
中山商店
🏠岡山県岡山市東区犬島324 ☎086-947-0868 営10:00〜17:00 休不定休 交犬島港より徒歩2分 M74P D-2

犬島の記憶を宿す、犬島ガラス
銅の精錬カスをガラスに溶かした犬島ガラスは、アートプロジェクト「犬島時間」で生まれたもの。会期中または不定期でオープンするカフェ「犬島時間・白い家」で買うことができる。

いぬじまじかん・しろいいえ
犬島時間・白い家
🏠岡山県岡山市東区犬島313 交犬島港より徒歩3分 M74P C-2 ※オープン日は、https://www.facebook.com/inujimajikan

完全予約制の島の食堂
予約制で朝食と夕食が食べられる島の食堂。夕食は好みや料金に応じて作ってくれるので気軽に相談しよう。

しましょくどう
島食堂
🏠岡山県岡山市東区犬島61 ☎086-947-0767 営6:00〜8:00、18:00〜21:00 休不定休 交犬島港より徒歩11分 M74P B-2

港から集落の中を歩いて、犬島自然の家の近くにあります。

Inujima MAP

犬島

瀬戸内海

	A	B	C	D	
1				犬島チケットセンター (P.71)	
			在本商店 (P.72)	犬島「家プロジェクト」F邸 (P.71)	
			trees犬島店 (P.72) 定期船乗り場		
	犬ノ島		犬島Sato・Sun (P.73) 犬島港		
	犬石明神	犬島「家プロジェクト」I邸 (P.71) Ukicafe (P.72) 採石場跡	山神社		
2		島食堂 (P.73) 天満宮	中山商店 (P.73)		
		岡山市立犬島自然の家 (P.73)	犬島「家プロジェクト」C邸 (P.71) 歌碑 旧犬島郵便局舎	犬島時間・白い家 (P.73) 石職人の家跡 (P.71)	
			中の谷東屋 (P.71) 定紋石 犬島「家プロジェクト」S邸 (P.71)		
			犬島「家プロジェクト」A邸 (P.71)	備前犬島簡易局	
3				採石場跡	
		採石場跡		犬島精錬所美術館 (P.70)	
4			犬島キャンプ場		
			犬島海水浴場		

200m

Writer's Notebooks 犬島

島の人とアーティストの触れ合いの中で生まれたアート「犬島時間」

2004年から年に一度、犬島を舞台に開催されているアートプロジェクト「犬島時間」。アーティストたちが島に滞在したり通ったりしながら、島の人や島の自然と触れ合う中で感じたものを作品にします。島の古民家や風景の中に点在するアートを巡りながら、島の人やアーティストとの会話が楽しめるのも犬島時間ならではの楽しみ。会期中にオープンするカフェ「犬島時間・白い家」では、犬島ガラスなどのグッズを買うこともできます。犬島時間は毎年ゴールデンウィークに開催。日程など詳しくは、https://www.facebook.com/inujimajikan

ライター／山本政子

写真：青地大輔

● 食事　● アート作品　● 見どころ
● 宿泊　● その他

県道　国道

学校　神社　寺院
宿泊施設　警察署　郵便局

74

かつらぎ・飛鳥・吉野大峯
＋十津川・桜井宇陀・大和高原

責任編集 すながわみほこ ＆ もりきあや
AB判定価 907円（税別） ISBN978-4-901908-93-1

広い空が待っている
もうひとつの
奈良旅へ出かけるよ

好きな奈良が
ふえていく

発売 西日本出版社
TEL.06-6338-3078
〒564-0044
大阪府吹田市南金田1-11-11-202
http://www.jimotonohon.com/

食べる・遊ぶ・買う
全370掲載

天降る里 **かつらぎ**散歩
はじまりの地 **飛鳥**
自然と人を結ぶ **吉野大峯**

エリア特集"プラス"がいっぱい！
宿・温泉・おみやげ
花・行事・仏像・古墳

奈良市　大和高田市　大和郡山市　天理市　橿原市　桜井市　五條市　御所市　生駒市　香芝市　葛城市　宇陀市
山添村　平群町　三郷町　斑鳩町　安堵町　川西町　三宅町　田原本町　曽爾村　御杖村　高取町　明日香村　上牧町　王寺町
広陵町　河合町　吉野町　大淀町　下市町　黒滝村　天川村　野迫川村　十津川村　下北山村　上北山村　川上村　東吉野村

島から島へ、島さんぽ

笠岡諸島
Kasaoka Syoto

瀬戸内海国立公園のほぼ中央に位置する笠岡諸島。大小30の島が岡山から四国に向かって飛び石のように連なっています。そのうち有人島は、真鍋島、白石島、北木島、高島、飛島（大飛島・小飛島）、六島の7島。それぞれの島ごとに違う歴史や表情を持っています。笠岡から船に乗って、島から島へ、島さんぽ。笠岡諸島をめぐる旅にでかけましょう。

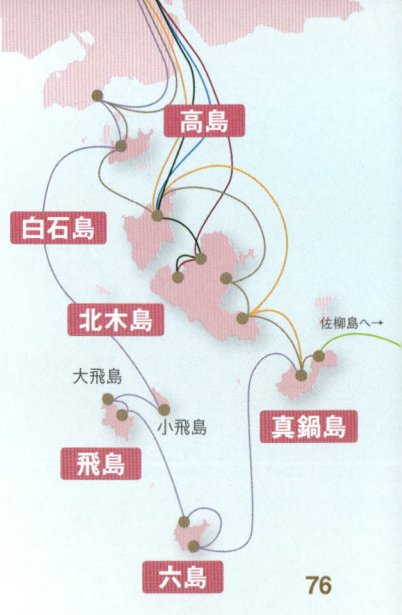

漁村の風景が待つ五里五里の島
真鍋島 Manabeshima

岡山県と香川県の真ん中、五里五里の場所にある真鍋島は、古い漁村の面影を残した静かな島です。その美しさから「瀬戸内少年野球団」など、数々の映画のロケ地にも選ばれています。猫の島としても知られていて、カメラを持った若者たちも多く訪れています。そして、もうひとつ。真鍋島を訪れると気づくことがあります。それは、海外からの旅行者が多いこと。はるばる真鍋島を目指してやって来るそうです。素のままの島の暮らし、風景を楽しむ。「何もしないことが贅沢」と長期間滞在していく人が多いとか。海外の人々を魅了する真鍋島に会いに行きませんか。

笠岡諸島 真鍋島

真鍋島をぶらぶら歩く

書院造りの座敷を有する木造家屋「真鍋邸」の庭先にある樹齢250年といわれるホルトノキ。 M 79P B-3

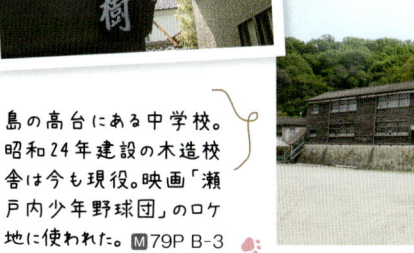

島の高台にある中学校。昭和24年建設の木造校舎は今も現役。映画「瀬戸内少年野球団」のロケ地に使われた。 M 79P B-3

懐かしい漁村の風景、ぶらぶら歩きたい。

路地裏で出会った猫たち。

港のすぐそばにある島の資料館

木造のレトロな建物、三洋汽船切符売り場の2階にある歴史民俗資料館。島内に散在していた歴史・考古・民俗などに関する資料が収集・展示されている。船を待つ時間を利用して見学しよう。

まなべしまふるさとむらしりょうかん
真鍋島ふるさと村資料館
住 岡山県笠岡市真鍋島 電 0865-68-3903（切符売り場） 営 6:30～19:00 休 月曜（祝日の場合はその翌日）、年末年始 交 真鍋島港すぐそば M 79P B-3

切符売り場にいますので、島のこと、気軽になんでも聞いてください。

1階が切符売り場、2階が資料館。1階では「味付け海苔」など、島のお土産も販売。

笠岡諸島　真鍋島

真鍋島 ごはん&宿泊

海を独り占めできる宿があれば、漁師さんが営む食事処やあっと驚く豪快料理のお店など、真鍋島には感動がいっぱい！

お魚定食1,500円。この日は煮付け。他にお刺身定食（1,500円～）などもある。

漁師だから旨い魚を食べさせたい！

真鍋島港のすぐ目の前にある、漁師が店主の食堂＆居酒屋。毎朝4時に漁に出て、その日とれた魚でメニューを決める。網焼きができる座敷席もあり。店主の山本さんは、真鍋島走り神輿保存会の会長。話を聞いてみよう。

ふなで
船出
住 岡山県笠岡市真鍋島　☎0865-68-3900　営11:00～18:00　休不定休　交真鍋島港すぐそば　M79P B-3

走り神輿は5月3日～5日に行われます。3体の神輿が島を駆け抜ける様子は圧巻。ぜひ見に来てください。

エビが踊り、タコが吸い付く豪快料理

ぴちぴち跳ねるエビや口の中にギュッと吸い付くタコなど、驚きの料理が飛び出す。食事のほか、一棟貸切メゾネットタイプの宿「漁師小屋 漁火」も併設。

りょうしりょうり　りょうか
漁師料理 漁火
住 岡山県笠岡市真鍋島4476-4　☎0865-68-3519　営11:00～15:00　※3日前までに要予約　休不定休　¥宿泊 自炊プラン（1泊1人5,000円）、夕食・宿泊（1泊1人10,000円）　交真鍋島港すぐそば　M79P B-3

波の音と魚料理、何もしない贅沢を味わう

港から反対側の海辺にある一軒宿。旧真鍋小学校校舎を移築した本館と、ログハウス（離れ）がある。海外からの旅行者も多く宿泊。何もしない贅沢を教えてくれる宿。

しまやど　さんとら
島宿 三虎
住 岡山県笠岡市真鍋島2224　☎0865-68-3515　¥宿泊 本館／中学生以上1人10,800円～（1泊2食付）、離れ／中学生以上1人16,200円～（1泊2食付・2名1室）　交真鍋島港から徒歩15分。プライベート桟橋あり　M79P C-3
http://www.santora.biz/

その日穫れた旨い魚を食べて、のんびり過ごす。お腹も心も満たされる島ならではの時間を過ごしてください。

Manabeshima 真鍋島

笠岡諸島 / 真鍋島

瀬戸内海

岩坪港の夕日

鋒崎
岩坪港
八幡宮　若宮神社
荒神社
城山 ▲127
城山展望台

天神鼻
天神鼻展望台
天神社
真鍋島漁港
真鍋城址
真鍋島海水浴場
数珠石

真鍋島ふれあいパーク
本浦港
真鍋島ふるさと村資料館(2F) (P.77)
本浦港待合所(1F)
島宿 三虎 (P.78)
真鍋島郵便局
漁師料理 漁火 (P.78)
真鍋邸とホルトの木 (P.77)
船出 (P.78)
円福寺
丸ノ鼻
まるどうさま
真鍋島ふるさと村
真鍋小学校
真鍋中学校 (P.77)

本浦港の風景 **B-3**

矢崎
尾鼻

【DATA】起点の港／笠岡諸島旅客船乗り場(岡山県笠岡市) 1日8便 問い合わせ／笠岡市観光連盟 ☎0865-69-2147

300m

● 食事　● アート作品　● 見どころ　● 宿泊　● その他
― 県道　― 国道
❌ 学校　🛉 神社　卍 寺院　🅷 宿泊施設
❌ 警察署　〒 郵便局

Writer's Notebooks 真鍋島

島内を神輿が駆け巡る、真鍋島の走り神輿。

お昼を食べに入った港前の食堂で、神輿を担いだ若者たちが島の路地を駆け抜ける一枚の写真を見つけました。写真からも伝わるその迫力に思わず箸がとまっていたのか、お店のご主人が「走り神輿だよ」。300年以上続いている行事で、いまは5月の3連休に行われているそうです。「見に来るなら、2日目の本祭りの日がいい」と教えてくれました。なんとご主人は走り神輿保存会の会長さんとのこと。出会いの数だけ島が好きになりますね。

ライター／山本政子

笠岡諸島 白石島

海と過ごす休日を求めて、海外からも人々が訪れる

白石島
Shiraishijima

高速艇が港に着く。迎えてくれたのは小さな桟橋と温かな笑顔でした。青い海と白い砂浜のコントラストが美しく、海水浴やカヤックなどマリンレジャーのメッカとして知られる白石島。タイムスリップしたような懐かしい町並みを歩けば、巨石が待つハイキングコースや弘法大師ゆかりのお寺も。美しい海をバックに砂浜で踊られる盆踊り・白石踊（国指定重要無形民俗文化財）は、島の人たちが大切に守ってきた、この島ならではの暮らしの風景です。

洋室ツイン4部屋、和室1部屋。定員は10名。

外国人専用の宿泊施設として誕生

白石島の海水浴場を見下ろす丘の上に建てられた宿泊施設。外国人専用の宿泊施設として誕生。外国人と同伴であれば日本人も宿泊可能。食事は自炊。キッチンあり。

しらいしじまこくさいこうりゅうづぃら
白石島国際交流ヴィラ
住岡山県笠岡市白石島317 ☎0865-68-2095（予約アドレス booking@international-villa.or.jp）¥宿泊 1人3,500円（2名利用の場合）、2泊目以降1人3,000円 交白石島港から徒歩5分 http://international-villa.or.jp/villa/shira_j0904.htm M82P B-2

白石島国際交流ヴィラの受付や宿泊費、鍵の受け渡しもここで。

島めぐりのスタートはここから

桟橋のすぐ前にあるお店。島の見どころや歩き方など、ここで聞いてから島めぐりをはじめると、白石島の思い出がぐんと増えそう。桑の実ジャム、桑の実シロップ、味付け海苔、絵はがきなど、島のお土産も販売。

しらいしじまかいそうてん
白石島廻漕店
住岡山県笠岡市白石島536-1 ☎0865-68-3012 営6:30〜18:30 休無休 交白石島港すぐそば M82P C-2

80

笠岡諸島 白石島

ゆったり島時間

白石島の魅力は海だけじゃない！
集落を歩けば、自然や文化、
歴史スポットが待っています！

高さ24m
タイ式の
仏舎利塔
M 82P B-3

干潮時には
歩いて行ける
弁天島
M 82P B-2

大玉岩

巨石の下にある奥の院

弘法大師が白石島に立ち寄った際、奥の院の巨石の下で37日間修行したと伝えられる。ツバキ、サクラ、ツツジ、アジサイなどの花が季節ごとに楽しめる。パワースポットもある。

かいりゅうじ
開龍寺
住 岡山県笠岡市白石島855 交 白石島港から徒歩10分 M 82P B-3

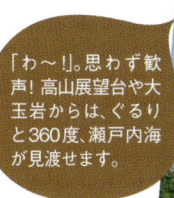

「わ～!」。思わず歓声！高山展望台や大玉岩からは、ぐるりと360度、瀬戸内海が見渡せます。

M 82P A-3（高山展望台）、B-3（大玉岩）

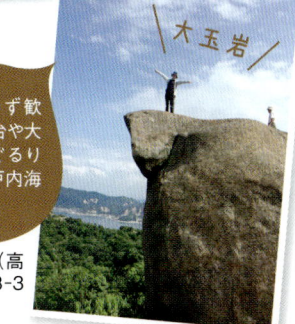

白石島に泊まろう！

海に沈む夕日を見ながらバーベキュー

のんびり気がねなく我が家のようにくつろぎながら、海を満喫できる宿。食事のみの利用OKで、ビーチでのバーベキュー（2,500円）と魚定食（1,500円）は要予約。軽食は予約なしでOK。

みんしゅくさんちゃん
民宿さんちゃん
住 岡山県笠岡市白石島457-1 ☎0865-68-3169 ¥宿泊 1人6,000円～（1泊2食付）、素泊まり1人3,000円 交 白石島港から徒歩6分 M 82P B-2

シーカヤックを教えてもらおう

海と過ごす島の休日の素晴らしさを教えてくれる民宿。初心者でも楽しめるシーカヤックのツアーも用意されている。オーナーが作る海の幸を使った料理も美味。

みんしゅくはらだ
民宿はらだ
住 岡山県笠岡市白石島457-2 ☎0865-68-3044 ¥宿泊 9,000円～（1泊2食付）、シーカヤック1人1時間1,000円～※要予約 交 白石島港から徒歩6分 M 82P B-2

我が家のようなくつろぎとおふくろの味

居心地の良さとあたたかなおもてなしに、リピーターになる人が多い宿。「家族や友だちの家のように、気軽に泊まって欲しい」と女将さん。料理は島でとれた魚が中心。

なかにしやりょかん
中西屋旅館
住 岡山県笠岡市白石島260 ☎0865-68-3553 ¥宿泊1人5,400円～（1泊朝食付・夏シーズン6,000円）、1人9,720円～（1泊2食付・夏シーズン土日10,800円） 交 白石島港から徒歩10分 M 82P B-2

老舗旅館のあたたかなおもてなし

昭和35年創業の老舗旅館。「夏の海水浴はもちろん、春や秋は山歩きも楽しいですよ」とご主人。島の漁師さんから仕入れる瀬戸内の幸も魅力。大浴場あり。

おたふくりょかん
お多福旅館
住 岡山県笠岡市白石島357 ☎0865-68-3501 ¥宿泊一人9,720円～（1泊2日2食付・2名以上）http://www.otafuku-inn.com 交 白石島港から徒歩8分 M 82P B-2

Shiraishijima 白石島

笠岡諸島 白石島

港から白石島国際交流ヴィラ、開龍寺に行く途中にあるレトロな建物。現白石島郵便局の前にあります。MB-2

旧白石島郵便局

桟橋付近で見かけたかわいい車。

白石島海水浴場の風景

沖ノ白石

台ノ鼻

中鼻

白石島漁港

弁天島(P.81)

民宿はらだ(P.81)
民宿さんちゃん(P.81)

三洋汽船切符売場
白石島廻漕店(P.80)
白石島郵便局
天福商店

上浦漁港

笠岡警察署白石島駐在所
白石島海水浴場
恵比須神社
お多福旅館(P.81)
あまのストア

モッコク

中西屋旅館(P.81)
原松商店
白石島国際交流ヴィラ(P.80)

小山

はと石

白石中学校
白石小学校

不動岩(P.82)
開龍寺(P.81)
仏舎利塔(P.81)

高山展望台(P.81)
高山 150

大玉岩(P.81)

鎧岩

宮ノ鼻

亀石

立石山 169
立石展望台

乳石

Writer's Notebooks 白石島

心の中で願い事を3回。不動岩が叶えてくれる

港の案内板近くや見上げた山の上など、白石島では不思議な形をした岩をよく見かけます。開龍寺でも見つけました！ 名前は「不動岩」。岩のくぼみに額を当てて、心の中で願い事を3回唱えると叶えてくれるそうです。大師堂の手前にあります。MB-3

ライター／山本政子

【DATA】起点の港／笠岡諸島旅客船乗り場(岡山県笠岡市) 1日8便、伏越港(岡山県笠岡市) 1日4便　問い合わせ／笠岡市観光連盟 ☎0865-69-2147

300m

● 食事　● アート作品　● 見どころ　● 宿泊　● その他　　県道　　国道
✕学校　H神社　卍寺院　H宿泊施設　✕警察署　〒郵便局

笠岡諸島　北木島

石の島を旅する
北木島 Kitagishima

笠岡諸島の中で一番大きな島、北木島。古くから上質の石が採れる「石の島」として知られています。島をめぐると、北木石の丁場（採石場）の切り立った岩肌、石のオブジェなど、石の島ならではの風景にたくさん出会います。島には3つの港があります。どの港を中心に巡るかで出会う風景が変わるかもしれません。島内にはレンタサイクルがないので、自転車を持ち込むのもひとつの旅の方法です。

北木島の現役の採石場
北木島で120年以上前から採石を続けている鶴田石材（株）の採石場。地下へと掘っていく「露天掘り」という方法。事前予約にて申し込むと見学することができる。
※通常は危険な為、立ち入り禁止。

つるたせきざいさいせきじょう
鶴田石材採石場
住 岡山県笠岡市北木島町8703　電 0865-60-0307（鶴田石材笠岡事務所）営 9:00〜16:30　休 土・日曜・祝日
交 金風呂港から徒歩5分　http://kitagi.jp　M 86P B-2

笠岡諸島 北木島

島の食堂

島のお母さんがつくる定食、ラーメンなど、気軽に立ち寄れる島の食堂を紹介。常連さんたちとの会話も楽しみ。

島の人に愛される亀の手ラーメン

創業62年。ずっと島の人に愛されてきた食堂の名物は、「亀の手」で出汁をとったラーメン。亀の手とは、見た目が亀の手にそっくりな甲殻類の仲間。「いい出汁がでる」とご主人。島外から食べに来る人も。

亀の手はお父さんが海までとりにいきます。ラーメンは600円。気軽に食べにきてください。

みなとやしょくどう
港屋食堂
住 岡山県笠岡市北木島町3884 ☎0865-68-2046 営11:30～14:00 休土・日曜・祝日 交大浦港から徒歩6分 M86P C-4

港の目の前にあるラーメン店

鶏ガラスープに、親鳥のチャーシュー。豊浦港の目の前にある、笠岡ラーメンのお店。「毎日食べても飽きない」と、島の人にも人気。土・日限定の「とりめし」もおすすめ。

ちゅうかそばだいふく
中華そば大福
住 岡山県笠岡市北木島町10364-22 ☎090-1684-6230 営11:00～14:00 休月曜 交豊浦港前 M86P B-2

ラーメン（並）600円。船の待ち時間に利用しても。

日替り定食500円

日替わりで楽しむおふくろの味

島のお母さんが作ってくれる定食は、島でとれた野菜たっぷり。やさしくて懐かしい、まさにおふくろの味。気さくな人柄に、毎日食べにくる常連さんも多い。電話を入れておくと、お弁当にしてくれる。

よっこちゃんのみせ
よっこちゃんの店
住 岡山県笠岡市北木島町10364-62 ☎090-4654-2791 営11:30～14:00 休土・日曜・祝日 交豊浦港から徒歩5分 M86P B-2

北木島に泊まる

ゆっくり島を巡るなら、島に泊まるのが一番。海に沈む夕日を見たり、朝があけていく様子を眺めたり。島でなければ体験できない素敵な時間が待っています。

広々とした本間造りの客間でゆったり。

明治創業。木造3階建ての老舗旅館

大浦海岸に面した場所にあり、どの部屋からも海を眺めることができる。温かい人柄の4代目が腕をふるう料理は魚が中心。名物はタコを丸ごと揚げたタコの姿揚げ。自転車などの貸出、観光案内もしてくれる。

あまのやりょかん
天野屋旅館
住 岡山県笠岡市北木島町大浦3944 ☎0865-68-2019 休なし ¥宿泊 9,000円～（1泊2食付） 交大浦港から徒歩4分 M86P C-4

笠岡諸島　北木島

ENJOY THE KITAGISHIMA
いろいろとりどり北木島スポット

石の島として知られる北木島を歩くと、素敵なモノ・ヒト・コトにたくさん出会います。ユニークな石のオブジェや島ならではのお土産、イベントなど様々な活動を通じて、島を元気にする人たち…。出会った数だけ北木島が好きになること間違いなし！

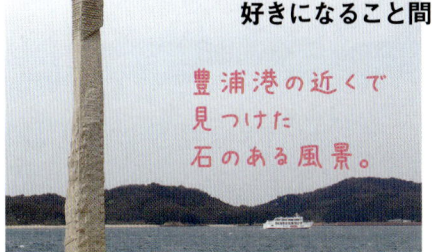

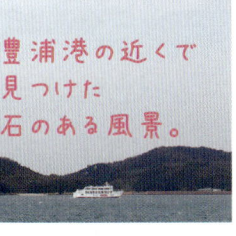

豊浦港の近くで見つけた石のある風景。

豊浦港にある石のオブジェ「メビウスの輪」。
M86P B-2

大浦港から笠岡港に帰る船の中で見つけた不思議な岩。後日、島の人に「かさね岩」だと教わりました。M86P D-2

コレ！

「メビウスの輪」の近くで見つけた石の彫刻。あとで時計であることが判明！

豊浦港で見つけた石の灯籠。

見つけました！
石のある風景

通称「トレビの泉」

通称「北木のベニス」

金風呂港で見つけた「石切唄の碑」。

北木中学校にある北木石記念室。

底にあるのは石の端材。石に浄化されたのか、青緑色した美しい水をたたえています。（金風呂港の近く）M86P B-2

思わず「お～！」と歓声。捨石を重ねて作られた石積みの船着き場。水はエメラルドグリーン！M86P B-2

M86P B-3

北木石の歴史や採掘方法、石工用具などが展示・紹介されています。一般公開されていて、見学も可能。（原則として中学校が開いている月～金曜日、9時～17時）（大浦港の近く）M86P C-3

島暮らし体験はいかが
北木島のSARAIサライへおいでよ

北木島に移住してきたクニさんこと山本さんが運営する「島のSARAI」は、クニさんの自宅兼ライブイベントスペース。島暮らし体験のほか、音楽イベントなども開催される。閉館されていた島の映画館を会場に年2回行われる「島の音楽祭」（山本さん企画）には、島内外から多くの音楽好きが集う。イベントスケジュールなどは、ウェブで確認を。

ここが島のサライへの入口

僕も待ってます！

島のSARAI
しまのさらい
住 岡山県笠岡市北木島町924
☎ 090-5700-0259　大浦港から徒歩28分　http://sarai-kitagi.jimdo.com　M86P D-4

自給自足の生活を目指すクニさんこと山本さん

何を買おうか迷っちゃう
笠岡諸島の島みやげ、ぞくぞく誕生！

笠岡諸島には桑の実やノリ、石材など島の特産品を使ったおいしいお土産があります。お土産を開発しているのは、笠岡諸島7島で作るNPO法人かさおか島づくり海社。北木島を拠点に、新しい島みやげをぞくぞく開発中。何を買おうか迷ったら、島の人に聞いてみるのもいいかも。

島づくり海社アンテナショップ「ゆめポート」（JR笠岡駅近く）でも販売されています。
http://www.shimazukuri.org

北木島の天然灰干し・魚々干（とっとぼし）3,375円（北木島かさおか島づくり海社で販売 ☎0865-68-3741）

白石島・桑の実ジャム 760円（白石島廻漕店で販売 ☎0865-68-3012）

笠岡諸島・瀬戸の島海苔（小袋）550円（真鍋島五里五里で販売 ☎0865-68-3741（かさおか島づくり海社）

85

Kitagishima 北木島

笠岡諸島 北木島マップ

	A	B	C	D
1		大福丸	矢倉ノ鼻	
2	白石島 金風呂丸	豊浦港 よっこちゃんの店(P.84) 中華そば 大福(P.84) メビウスの輪(P.85) トレビの泉(P.85) 北木島のベニス(P.85)	島のこし NPO法人かさおか島づくり海社 トンギリ山 ▲180 蛭子神社 大仙院	島のこし 北木島の干物「灰干し」はここでつくられています。 布越 猫岩・重ね岩(P.85)
3	鶴石	金風呂港 春日神社 鶴田石材(P.83) 石切唄の碑(P.85) 荒神社 北木小学校 高山 ▲178	バックリ山 ▲225 北木石記念室(P.85) 北木中学校	島のSARAIで待ってます!
4			天野屋旅館(P.84) 港屋食堂(P.84) 大浦海水浴場 荒神社 大浦郵便局 大浦港 笠岡市役所北木島出張所 笠岡警察署北木島駐在所 諏訪神社 福巌寺	獅崎 戎神社
5	高山鼻	秋葉山 ▲160	八幡山 ▲142 大宇根 恵比須神社	島のSARAI(P.85) 野島鼻

Writer's Notebooks 北木島

島から島へ。船に乗って旅してるを実感!

笠岡旅客船乗り場から高速艇に乗った時に見つけました。次はどの島に着くかを教えてくれる電光の案内板。高島、白石島、北木島、真鍋島と、いくつも島をつなぐ船だからこそ必要なもの。島から島へ、笠岡諸島ならではの楽しみです。

ライター／山本政子

【DATA】起点の港／岡山県笠岡諸島旅客船乗り場(岡山県笠岡市) 1日8便、伏越港(岡山県笠岡市) 1日10便　問い合わせ／笠岡市観光連盟 ☎0865-69-2147

500m

●食事　●アート作品　●見どころ　●宿泊　●その他　━━ 県道　━━ 国道
Ⓧ学校　⛩神社　卍寺院　Ⓗ宿泊施設　Ⓧ警察署　〒郵便局

86

笠岡諸島の「4つの島」

笠岡諸島で一番本土に近い島、高島。2つあわせて飛島と呼ばれる大飛島と小飛島。笠岡諸島の最南端にある六島。歴史や文化、風景など、4つの島の魅力をご紹介します。

神話が待つ漁師の島　高島 Takashima

笠岡諸島で最も本土に近い高島。古くから瀬戸内航路の要衝として栄えた島で、「古事記」に記されている神武天皇東征の際の高島行宮が置かれた島と言われていて、神卜山の山頂周辺は展望台になっていて、瀬戸内の穏やかな風景が見渡せます。漁師さんが経営する民宿もあり。

古事記にまつわる遺跡と不思議な石

神武天皇が吉凶を占ったとされる神卜山の山頂には「高島行宮遺趾碑」（写真左）がたっている。また、島の西部には、安産や子授けの神として信仰されている「子はらみ石」（写真右）があり、ここからも海と島々が一望できる。

高島の宿

新鮮な魚料理が味わえるほか、釣りや観光底引き船、定置網などの漁師体験も人気です。

ペンション正栄
住 岡山県笠岡市高島5177-3　℡0865-67-2291　¥宿泊／1人10,800円～（1泊2食付）、食事のみの利用可（5,000円・一週間前要予約）

民宿はまべ
住 岡山県笠岡市高島4720-3　℡0865-67-2778　¥宿泊／1人7,560円～（1泊2食付）、食事のみの利用可（5,000円・一週間前要予約）

カーサタケダ
住 岡山県笠岡市高島5208　℡0865-67-6188　¥宿泊／1人9,720円～（1泊2食付）、食事のみの利用可（5,000円・前日までに要予約）

【DATA】起点の港／笠岡諸島旅客船乗り場(岡山県笠岡市)　1日5便　問い合わせ／笠岡市観光連盟 ℡0865-69-2147

遺跡が残るツバキの島　大飛島・小飛島 Obishima・Kobishima

島内にヤブツバキが自生する飛島。その実を搾った椿油は島の特産品になっています。奈良時代から平安時代にかけての祭祀遺跡が発見されたことでも知られています。

真っ赤なツバキを眺めながら、島を一周するのもいいかも。

【DATA】起点の港／笠岡諸島旅客船乗り場(岡山県笠岡市)　1日4便　問い合わせ／笠岡市観光連盟 ℡0865-69-2147

灯台と水仙の島　六島 Mushima

笠岡諸島最南端の六島。島東部の前浦港を望む斜面や南部の六島灯台周辺を中心に約10万本の水仙が群生。県外からも多くの人が訪れます。見頃は1月中旬から2月中旬。

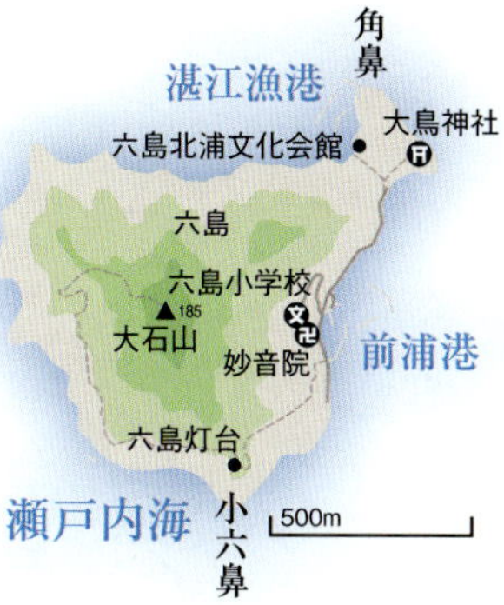

シーズンには島中が甘い花の香りに包まれるよう。灯台とのコントラストが美しい。

【DATA】起点の港／笠岡諸島旅客船乗り場(岡山県笠岡市)　1日4便　問い合わせ／笠岡市観光連盟 ℡0865-69-2147

笠岡諸島　笠岡港周辺

港町めぐり 笠岡(かさおか)

笠岡諸島めぐりはここからはじまる

笠岡諸島めぐりのスタート地点「笠岡諸島旅客船乗り場」と「伏越港(ふしごえこう)」のある港町、笠岡。カブトガニ博物館や鶏ガラスープと鶏チャーシューが特長のご当地ラーメン「笠岡ラーメン」でも知られています。「笠岡諸島旅客船乗り場」からは真鍋島、北木島、白石島、高島、飛島、大飛島・小飛島、六島行きの普通船・高速艇、「伏越港」からは北木島、白石島行きのフェリーが出ています。

笠岡諸島に行く人も、行った人も、ぜひお立ち寄りください。待ってます!

笠岡諸島のアンテナショップ

北木島の石材加工技術を応用した魚の「灰干し」、「桑の実ジャム」や「味付け海苔」など、笠岡諸島のお土産や特産品などを販売。島のパンフレットなど観光情報も入手できるので、チェックしよう。

ゆめポート(ゆめぽーと)

住 岡山県笠岡市中央町18-10　℡ 0865-62-2250　営 10:00〜18:00　休 月・木曜　交 JR笠岡駅から徒歩5分
http://www.shimazukuri.org/

カブトガニと恐竜に会える!

世界で一つのカブトガニをテーマにした博物館。生きたカブトガニを見学できると人気。カブトガニの研究や繁殖地の保護に取り組んでいる。博物館前では、ティラノサウルスなど8体の迫力ある巨大な恐竜が迎えてくれる。

笠岡市立カブトガニ博物館(かさおかしりつかぶとがにはくぶつかん)

住 岡山県笠岡市横島1946-2　℡ 0865-67-2477　営 9:00〜17:00　休 月(祝日の場合は翌日)・年末年始　料 大人520円、高校生310円、小中学生210円　交 JR笠岡駅からバスで15分
http://www.city.kasaoka.okayama.jp/site/kabutogani

笠岡諸島旅客乗り場への道のり

ちょっとわかりにくいから、ご案内します！

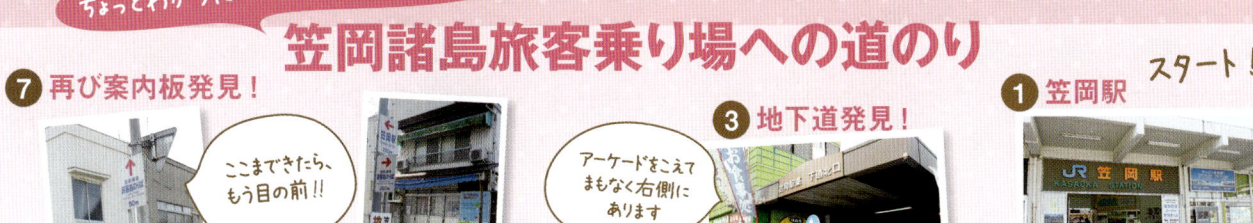

①笠岡駅　スタート！
改札をでたら右へ。アーケードが目印。

②アーケード入り口

③地下道発見！
アーケードをこえてまもなく右側にあります

④もうすぐ出口
地下道をこえたらまっすぐ歩こう。

⑤案内板発見！
矢印は右！進め進め！

⑥歩道橋を渡って

⑦再び案内板発見！
ここまできたら、もう目の前！！

⑧笠岡諸島旅客船乗り場
乗場に到着！

ご当地 笠岡ラーメン

全国有数の養鶏のまち、笠岡で生まれたご当地ラーメンは、鶏ガラスープに、鶏チャーシュー。

50有余年変わらぬ味、笠岡鶏そばの老舗

鶏ガラスープに鶏のチャーシューという笠岡ラーメンのアジとスタイルを守り続ける老舗。50有余年変わらない味を求めて、毎日食べにくる常連さんも多い。店内は、女性一人でも入りやすい温かな雰囲気。

ちゅうかそばさかもと
中華そば坂本
住岡山県笠岡市中央町34-9　☎0865-63-6454　営9:30～14:30頃　休日曜・祝日　交JR笠岡駅から徒歩3分

中華そば（並）500円、（大盛り）700円。

昭和の香りのする懐かしい中華そば

割烹旅館三洋の1階にある食事処。こちらのラーメンは、鶏ガラをじっくり煮込んだスープに瀬戸内の魚介の出汁を効かせたしょうゆ味。隠しメニュー的に出されていたラーメンが評判を呼び、定番メニューに。

おたつ
お多津
住岡山県笠岡市中央町20-4　☎0865-62-3101　営11:30～14:00、17:30～21:00　休水曜　交JR笠岡駅から徒歩3分

笠岡ふるさと中華そば650円。

目指せ、全店制覇！ 笠岡ラーメンのお店はここでチェック！
笠岡市内をはじめ、笠岡諸島の北木島にも笠岡ラーメンのお店はあります。昔ながらの味を守る店もあれば、アレンジが加えられ進化したラーメンも。笠岡ラーメンが食べたいと思ったら、「ラーメンのまち笠岡」のサイトをチェック。目指せ！ 全店制覇！
http://www.kasaoka-ramen.jp
問い合せ／笠岡商工会議所「ラーメンのまち笠岡全国展開プロジェクト」推進委員会　☎0865-63-1151

おいしいコーヒーのある時間

店内で焙煎した珈琲豆を丁寧に淹れた珈琲と焼き菓子が楽しめる珈琲店。珈琲豆は、軽やかな苦みと酸味の「瀬戸の風」、柔らかな苦みと甘みの「瀬戸の大地」など。お土産にもいいかも。店内からJRのホームが眺められる。

つじこーひー
辻珈琲
住岡山県笠岡市中央町30-13白桃ビル1F　☎0865-60-0802　営平日10:00～19:00、土日祝10:00～18:00　休不定休　交JR笠岡駅から徒歩1分
http://www.tsuji-coffee.com

コーヒー（430円～）のテイクアウトもできるので、島旅のお供に。

魚たちをはぐくむ豊かな海

日生諸島
Hinase Syoto

B1グランプリでお馴染み「カキオコ」で知られる日生町は、自然豊かな漁師町。大小の島々の間に浮かぶカキ筏は、おいしい海のしるし。そんなお魚天国の4つの島で、山海の恵みを楽しんで。

鹿久居島
Kakuijima

野生動物の宝庫で自然を体験

日生(ひなせ)港のすぐ目の前に浮かぶ鹿久居島は、岡山県最大の島。島の大半が国の鳥獣保護区に指定されている野生動物の楽園です。そんな緑豊かな島では、古代体験の郷「まほろば」を拠点にワイルドな自然を楽しんで。朝夕は野生の鹿も遊びにやってきますよ。

日生諸島 鹿久居島・鴻島

別荘が立ち並ぶ憩いの島
鴻島 Koujima

船が島に近付くと、三角屋根やパステルカラーのかわいい建物がぽこぽこと立ち並ぶ風景が印象的。鴻島は島内に別荘が100軒以上あると言われる人気のリゾート地。日生港からわずか10分で気軽に島時間が楽しめ、夏は海水浴や潮干狩り、秋はみかん狩りもできます。

美味しさの秘密は潮風、甘〜い島みかんはいかが

みかん栽培が盛んな日生諸島では、10月〜12月頃まで収穫体験ができます。瀬戸内海の太陽と潮風で育った島みかんはお土産にもぴったり。みかん山からの見晴らしも最高です。

※ 料金等詳細は各農園にお問い合わせ下さい。

みかん狩り

鹿久居島
- 川辺農園　0869-72-1830（昼）
　　　　　　0869-72-2516（夜）
- 中磯農園　0869-72-1827
- 南　農園　0869-72-1828

鴻島
- 川口農園　0869-72-1823
- 日後農園　0869-72-1818
- 横山農園　0869-72-1817

頭島
- 今川農園　0869-72-1664

海も山も、自分流で欲張りに遊ぼう

縄文時代の集落を再現した宿泊施設。鳥のさえずりとともに目覚めたら、カヤックや釣り、流木工作、山歩きやバードウォッチングと、過ごし方は自由自在。日帰り利用も可。（宿泊・日帰りともに要予約）

こだいたいけんのさと　まほろば
古代体験の郷「まほろば」

住 岡山県備前市日生町鹿久居島　℡0869-72-1000　営9:00〜17:00（事務所）　休水曜、年末年始　￥1泊2食5,000円〜、日帰りは入園料1人300円、コテージ1棟5,000円（キッチン、風呂、トイレ付）　交日生駅前桟橋から直行船便で15分（1日2便、往復1,600円、要予約）M93P B-2　※「まほろば」への道は、途中から車両進入禁止となるため、車でのお越しはご遠慮下さい。

子どもはもちろん、子ども心を持った大人の遊び場にもぴったりですよ！

日生諸島 頭島・大多府島

迷路の島へようこそ
頭島 Kashirajima

日生諸島で一番人口が多い頭島。民宿やペンションが多く、新鮮な地魚を求めて多くの人が訪れます。中でも特徴的なのは集落の形。細い坂道が迷路のように張り巡らされていて、道を下っているのか、登っているのか、まるでだまし絵のよう。探検気分で楽しんで。

味もボリュームも大満足の魚料理

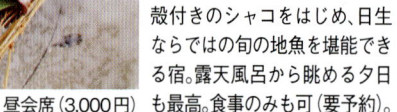

殻付きのシャコをはじめ、日生ならではの旬の地魚を堪能できる宿。露天風呂から眺める夕日も最高。食事のみも可（要予約）。

昼会席（3,000円）

よしのや
住 岡山県備前市日生町日生頭島2716 ☎0869-72-1671 ¥1泊2食付9,000円〜、ランチは会席3,000円〜（11:00〜14:00、要予約）交港から徒歩10分 M93P A-2

頭島唯一の商店

菓子パンやお菓子、乾電池など、島で唯一日用品が買える店。架橋前は運送業を担っていた話など、島の歴史を伝えるご店主の昔語りも貴重。

吉形商店
住 岡山県備前市日生町日生頭島2927 ☎0869-72-1625 営11:00〜18:00ごろ 休無休 交港から徒歩5分 M93P A-3

港のすぐ側にある愛され食堂

島で働く人たちの大切な食事処。お好み焼きは生地がふわふわ。冬は目の前の海で育ったぷりぷりの牡蠣入りで。

カキ入りお好み焼き900円（冬限定）

お好み焼き ふみ
住 岡山県備前市日生町日生頭島2788-7 ☎0869-72-3242 営11:00〜18:00 休火曜 交港から徒歩3分 M93P A-3

灯籠堂が見守る島
大多府島 Otabujima

江戸時代、風待ちの港として栄え、今も300年前の大きな灯籠堂が航行を見守っています。見晴らしの良い「お日待ち場」はご来光スポットにも。島内はお店がないので軽食持参がおすすめです。

一軒家でのんびり島暮らし気分

漁師の家をイメージした一軒家の宿泊施設。海水浴や釣り、自然散策など島遊びの拠点に便利。自炊なので食料は持ち込んで。

ふれあいの館 かぜまち
住 岡山県備前市日生町日生大多府島133-1 ☎0869-72-3832 ¥素泊り3,500円〜（要予約）交港から徒歩1分 M93P B-4

Hinase shoto 日生諸島

日生諸島

	A	B	C	D
1	ツブロ鼻／備前♡日生大橋／日生湾	うちわだの瀬戸	鹿久居島	鹿久居島／頭島／鶴島／鴻島／大多府島
2	鹿久居島／川辺農園(P.91)／下林農園(P.91)／鹿久居神社／タタリ鼻／南農園(P.91)／現寺湾／中磯農園(P.91)／ペンションみかんの郷／川辺農園	古代体験の郷 まほろば(P.91)／鹿久居千軒遺跡／展望台		
3	定期船乗り場／頭島大橋／頭島グラウンドゴルフ場／今川農園(P.91)／頭島／民宿よしのや(P.92)／森民宿／たぬき山展望台／日生南小学校／お好み焼きふみ(P.92)／満潮荘／定期船乗り場／民宿金栄丸／ふれあい交流館しおまち／民宿ひろえ／吉形商店(P.92)	たぬき山展望台／ペンションおやじの海／瀬戸内海	鶴島／キリシタン遺跡	鵜ノ石鼻
4	元禄防波堤	イノコ岩／元禄防波堤／ふれあいの館 かぜまち(P.92)／慈雲寺／大多府島	春日神社／定期船乗り場／灯籠堂／大多府加古番所／六角大井戸跡／自然研究路／春日神社	自然研究路
5	500m	鴻島／鴻島神社／裸岩／定期船乗り場／泊山展望所／亀の浦海水浴場／田口農園(P.91)／岳ノ鼻／横山農園(P.91)／日後農園(P.91)／瀬戸内海／500m		日生諸島

2015年4月16日「備前♡日生大橋」開通

備前市の本土と日生諸島の鹿久居島が、2015年春、全長765mの備前♡日生大橋でつながります。これによって先に頭島大橋でつながっている頭島を含め、2島が陸続きになることに。備前と日生の熱い想いが込められた念願の橋、ぜひ一度、橋を渡って島へ遊びに行ってください。

ライター／小西智都子

【DATA】起点の港／日生港（岡山県備前市日生町）1日9便
問い合わせ／日生町観光協会 ☎0869-72-1919
※鹿久居島と大多府島は島内にスーパー等のお店はありません。事前に食べ物、飲み物を準備して船に乗りましょう。

●食事 ●アート作品 ●見どころ ●宿泊 ●その他　県道　国道
文学校 日神社 卍寺院 H宿泊施設 ✕警察署 〒郵便局

日生諸島 日生港周辺

港町めぐり 日生(ひなせ)

カキオコ発祥の地で喰い倒れたい

日生町は全国2位の生産量を誇るカキの産地。深い青緑の海は栄養豊富な証、穏やかな入江には手入れされた漁船がずらりと並び、ここの魚なら間違いないと早くもお腹の虫が誘います。そんなプリプリの日生カキをたっぷり使った「カキオコ」でまずは旅の腹ごしらえを。

窓から日生港を一望でき、日生カキを使ったカレー&ピザ(各1,000円)が人気。カキサンド(380円)はテイクアウト可、島のお供に。

かふぇ さざん
Cafe サザン
岡山県備前市日生町日生843-18　☎0869-72-0143　営9:00〜18:00　休火曜

昭和が香る昔ながらのパン屋さん。人気のエクレアは15cmのビッグサイズで185円。揚げパン、油パンも人気。

かめいべーかりー
カメイベーカリー
岡山県備前市日生町日生913　☎0869-72-0169　営7:00〜19:00　休日曜・祝日　交定期船のりばから徒歩5分

台湾仕込みの本格餃子は、プリプリの皮に岡山県産の黄ニラや豚、干しエビを詰めて。持ち帰り用あり(20コ入1,080円)。

さんとんすいぎょうだいおう
山王水餃大王
岡山県備前市日生町日生1306　☎0869-72-1166　営11:00〜17:00　休火曜　交定期船のりばから徒歩5分

日生の魚を食べるならここ

毎朝水揚げされた魚を漁師のおかみさんたちが販売。日頃見かけない小魚が並ぶのも地元ならでは。とにかく魚も人も活きがいい。場内で買った魚はその場で調理して食べられる。

大粒のカキフライが2個のった日生名物カキフライソフト(300円)。仕上げに刺身しょうゆをたらり!

ごみのいち
五味の市
岡山県備前市日生町日生801-4　☎0869-72-3655　営9:00〜17:00　休毎週火曜(祝日の場合は翌日)　交定期船のりばから徒歩5分、JR日生駅から徒歩15分

カキオコが食べられる店

日生諸島 日生港周辺

まずはカキオコマップをゲットしよう！観光協会他でもらえます

1 歌＆吉倶楽部
岡山県備前市穂波1749
0869-67-3470

2 さんちゃん
岡山県備前市日生町日生
1449-1　0869-72-2157

3 きまぐれ
岡山県備前市日生町日生
1232　0869-72-2523

4 泉富久
岡山県備前市日生町日生
890　0869-72-0736

5 ほり お好み焼
岡山県備前市日生町日生
886-5　0869-72-0045

6 まるみ お好み焼
岡山県備前市日生町日生
886　0869-72-3129

7 お好み焼 桜
岡山県備前市日生町日生
864　0869-72-2739

8 浜屋 みっちゃん
岡山県備前市日生町日生
859-11　0869-72-2580

9 きたろう
岡山県備前市日生町日生
242-12　0869-72-3639

10 お好み焼 もりした
岡山県備前市日生町日生
630-2　0869-72-1110

11 安良田 お好み焼店
岡山県備前市日生町日生
825-2　0869-72-0851

12 福来（ふくろう）
岡山県備前市日生町日生
246-60　0869-72-1751

13 オレンジハウス
岡山県備前市日生町日生
241-103　0869-72-0914

14 うま×うま
岡山県備前市日生町寒河2573-2　0869-72-4677

15 お好み焼き ともひろ
岡山県備前市日生町寒河2412-2　0869-72-2868

16 暖里（ゆるり）
岡山県備前市日生町日生801-8　0869-72-9115

日生諸島への入り口はここから

JR日生駅横にある観光案内所。生まれも育ちも日生町というベテランおねえさんが、丁寧に日生の楽しみ方を教えてくれますよ。

日生のことならお任せ！気軽に聞いてね

ひなせちょうかんこうきょうかい
日生町観光協会
岡山県備前市日生町寒河2570-31（サンバース1F）　0869-72-1919　9:00〜17:00　休年末年始　交JR日生駅横

95

7分の船旅がつなぐ2つの楽しみ

前島・黒島 &牛窓
Maejima　Kuroshima

ヨットやマリンリゾートで知られる牛窓(うしまど)。前島は、そこからフェリーでわずか7分の香川岡山でもっとも近い島です。この島の自慢は何といっても元気な女将さんたち。周囲約8km、信号もお店もない小さな島ですが、女将さんたちにかかれば魅力の宝庫。島で育つ絶品キャベツや現役漁師さんが教える釣り場のこと、島中を桜で彩った花咲か爺さんの話など、お宿によって楽しみ方は様々。前島へ行くなら、ぜひお宿に泊まって女将さんたちとおしゃべりしてください。

前島・黒島&牛窓

女将さんたちの前島案内

多彩な達人女将がそろう前島。
それぞれのお宿紹介とともに、
おすすめの島の楽しみ方を聞きました。

※詳しい宿泊情報は127P参照。食事のみも3,000～4,000円から受け付けてくれるので、気軽に問い合わせしてみて（カリヨンハウス除く、すべて要予約）。

森川美恵子さん

海ホタル

のんびり釣り糸を垂れる幸せ
繊細な料理が自慢のお宿。料理人暦40年以上のベテラン店主の味を楽しみに通うリピーターも多い。海が目の前なので、釣り客も多いとか。「夏は海ホタルがきれいです」

からことそう
唐琴荘
☎0869-34-2191
99P B-2

どこから見ても前島は夕陽美人　則次美佐枝さん
島で唯一のペンション。和食はもちろん洋食スタイルで島の幸が味わえる。夕陽百選にも選ばれた前島の夕日のことならこちらの女将にどうぞ。宿のテラスからも見えますよ。

うしまどしーさいどぺんしょん　あらぱぱ
牛窓シーサイドペンション アラパパ
☎0869-34-2112
99P B-2

海も山も、遊び方は自由自在
島の自然に触れる体験メニューが豊富な研修施設。天体館やのぼり窯もあり、10名から利用できる。「島はとにかく自然が豊か。アマモの草原で磯遊びもできますよ」。

うしまどけんしゅうせんたー　かりよんはうす
牛窓研修センター・カリヨンハウス
☎0869-34-5808
99P D-2

馬場静子さん

山崎明子さん
一眞さん

前島は人がいちばん
創業は昭和42年、島で一番古いお宿。島をよく知る女将曰く「この島は人がええことが自慢じゃね」。島の幸が並ぶ心づくしの料理とともに、ゆっくり島の歴史を聞いてみたい。

みんしゅく　うみのいえ
民宿 海の家
☎0869-34-3999
99P B-3

展望台からの眺めは最高
牛窓で3代続く魚屋さんの宿。魚の目利きは間違いなし。1年先の予約をして帰るお客もいるとか。山の中にあり、展望台までは徒歩30分。野鳥の声を聞きながらの朝散歩は最高。

高祖仁美さん

りょかん　りゅうぐうほんじょう
旅館 龍宮本城
☎0869-34-4411
99P C-2

四季折々の花を楽しんで
島内で一番高台にあり、お宿からの見晴らしは別格。こちらの女将は島のお花通。十数年かけて島中に桜やツツジを植えた先代からの直伝だそう。「春は島中が桜色に染まります」。

みんしゅく　おふくろのいえ
民宿 おふくろの家
☎0869-34-2190
99P B-3

那須三千代さん

島の甘～い野菜を味わって
民宿のかたわら農業を営む宿。魚はもちろん島の絶品野菜が味わえます。冬はキャベツ、夏はかぼちゃとスイカ、前島の畑は代々島の人たちが開墾してきた島の宝だそう。農業体験も可。

三枝三代子さん、美由紀さん

みんしゅく　ふるさと
民宿 ふる里
☎0869-34-2746
99P B-3

島の魚でたらふく満腹!
現役漁師さんが営む宿。その日獲った魚が並ぶので種類とボリュームは島一番。「お腹の中が水族館みたい」と言ったお客もいるとか。瀬戸内の魚について色々知りたい方はどうぞ。

みんしゅく　なんぷうそう
民宿 南風荘
☎0869-34-3381
99P B-3

寺田孝子さん、都さん

港町めぐり 牛窓

和洋、新旧2つの文化が交差する町

日本のエーゲ海と称される牛窓は、西日本最大級の牛窓ヨットハーバーがあるマリンレジャーが盛んなエリア。初心者でも気軽にセーリング体験ができます。風とともに過ごす海上の時間は、きっと特別な思い出になりますよ。海で遊んだ後は、古い街並みが残る「しおまち唐琴通り」へ。食事処やカフェが点在しているので路地裏探検と一緒にどうぞ。

晴れた日は水辺でくつろぐのも気持ちいい

港という名のリゾートホテル

ロビーからそのままヨットで海へ繰り出せるギリシャ風の建物が印象的。常時ヨットセーリングが体験可。その後は和洋3つのレストランとカフェで海を見ながら食事を楽しんで。

ほてる りまーに
ホテル リマーニ
住 岡山県瀬戸内市牛窓町牛窓3900 ☎0869-34-5500 ¥1泊2食17,280円～ 交牛窓港から徒歩3分 M 99P A-1

【ヨットセーリング体験】
営9:20～17:00（季節により変更あり）
¥2,160円（約40分、2名～）

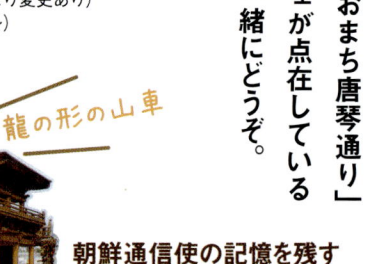

龍の形の山車
竜頭型がエキゾチック！

朝鮮通信使の記憶を残す

江戸時代、朝鮮通信使が寄港した際の記録や、秋祭りを彩る竜頭の船形だんじりを展示。異国情緒あふれる朝鮮風のデザインが、交流の港としての牛窓の奥深さをものがたる。

かいゆうぶんかかん
海遊文化館
住 岡山県瀬戸内市牛窓町牛窓3056 ☎0869-34-5505 営9:00～17:00（入館16:30まで）休水曜（7～8月、GWは無休）¥300円 Pあり 交牛窓港から徒歩5分 M 99P A-1

刺身定食800円

売り切れ御免！の新鮮魚定食

漁師の女将さんが営む元気な店。メニューはその日あがった魚を見てから決めるという日替わりの魚定食のみ。鮮度もボリュームも納得、早い者勝ち。

しゅんぎょていおばんやととと
旬魚定おばんや魚魚
住 岡山県瀬戸内市牛窓町牛窓2406 ☎0869-24-7626 営11:30～14:30（夜は予約のみ。18:00～20:00、3日前に要予約）休月曜、第3火曜 交牛窓港から徒歩10分 M 99P B-1

丘の上の守り神

牛窓海水浴場から長い階段を登って鎮守の森を抜けると本殿が見えてくる。途中の展望台からは前島を一望、春はツツジがきれい。秋の例大祭には珍しい竜頭のだんじりが登場する。

うしまどじんじゃ
牛窓神社
住 岡山県瀬戸内市牛窓町牛窓亀山2147 ☎0869-34-5197 交牛窓港から徒歩約20分（車でも上がれます）M 99P B-1

地元作家も集うくつろぎカフェ

古い民家を活かしたレトロな店内が心地よい。炭火焙煎コーヒーと手づくりスイーツが美味しくてつい長居したくなる。地元作家の雑貨も豊富。

てれやかふぇ
てれやカフェ
住 岡山県瀬戸内市牛窓町牛窓4178 ☎0869-34-5397 営11:30～20:00 休火曜 交牛窓港から徒歩10分 M 99P A-1

1920年代の大恐慌ケーキ400円、カフェオレ500円

前島・黒島&牛窓

Maejima 前島

【DATA】起点の港／牛窓港（岡山県瀬戸内市牛窓町）1日22便
問い合わせ／牛窓町観光協会 ☎0869-34-9500
※島内にスーパー等のお店はありません。事前に食べ物、飲み物を準備して船に乗りましょう。

● 食事　● アート作品　● 見どころ　● 宿泊　● その他
⬡ 県道　⬢ 国道　Ⓧ 学校　🏯 神社　卍 寺院　Ⓗ 宿泊施設　✕ 警察署　〒 郵便局

Kuroshima 黒島

引き潮のときだけ現れるヴィーナスロード

前島のお隣黒島は、潮が引いたときだけ渡れるヴィーナスロードが有名。砂の道を歩きながら、海の生き物を観察したり、ハート形の石を探してみて。定期船はないので、送迎ボートやシーカヤックツアーを利用して。島内には、キャンプ場もあります。

【ヴィーナスロード】
<送迎ボート>
● ホテルリマーニ ☎0869-34-5500
<シーカヤック>
● 牛窓ウォータートレイル ☎0869-34-9300
● ペンションくろしお丸＆牛窓シーカヤックス ☎0869-34-5755

【青少年の島】
岡山県が管理するキャンプ場（使用料は無料、1〜3カ月前までに要申込）。ただし渡船料は必要。島内に店はないので必要なものはすべて持参。
● 岡山県男女共同参画青少年課 ☎086-26-0557

Writer's Notebooks 前島＆牛窓

しおまち唐琴通りのレトロカフェ

牛窓港のある海岸通りから一本路地を入ると「しおまち唐琴通り」があります。「牛転（まろ）び」は、築80年の旧牛窓郵便局を改修した喫茶。店内では地元発行の小冊子なども販売。サイフォン仕立てのコーヒーを片手に郷土史に触れるのもおすすめです。

お土産には「唐子踊まんじゅう」（115円）を。唐琴通りの西端にあります。きびや菓子舗 ☎0869-34-2316

牛転び (うしまろび)
住 岡山県瀬戸内市牛窓町牛窓3061
営 月〜金 10:00〜16:00、土日 8:00〜16:00（土日のみモーニングあり）
休 火・水曜、第3日曜
交 牛窓港から徒歩5分
M 99P A-1

ライター／小西智都子

粟島
Awashima

大海原をたゆたう気分で歩く島

穏やかな瀬戸内海を船で走ること15分。着岸前の船上から島を眺めると、洋館「粟島海洋記念館」が海に向かって建っています。もとは海員養成学校で、ここから多くの外洋船員が巣立ちました。粟島には、かつて船員として世界の海を航海した人がたくさん暮らしています。その歴史を彷彿とさせるのが、アートプロジェクト「漂流郵便局」。ここに集まる宛先不明の手紙をボトルメールに重ねてみると、内海に浮かぶ粟島で世界の広さを感じるのです。

粟島海洋記念館
あわしまかいようきねんかん
住 香川県三豊市詫間町粟島1541 ☎0875-84-7884 営9:00～16:00 休毎週月曜(月曜が祝日の場合は翌日)、年末年始 Y無料 交粟島港より徒歩5分 M103P B-3

粟島

島のアートがすごい

島で「アーティスト」の作品を鑑賞

時空を漂うボトルメールのように

アーティストの久保田沙耶さんによるアートプロジェクト。実際の郵便局機能はもたないが、代わりに宛先のない手紙を受け付けてくれる。手紙を収納した100個のブリキ缶を回してみて。ふわりとさざ波の音がして、時空を漂うような感覚に。

漂流郵便局（ひょうりゅうゆうびんきょく）
住 香川県三豊市詫間町粟島1317-32 交 粟島港より徒歩10分 M 103P B-3 http://missing-post-office.com/ ※鑑賞日はホームページで確認を

書籍「漂流郵便局（1,200円、小学館）」も販売。

島でアーティスト・イン・レジデンス

島では毎年アーティストを招聘し、秋には滞在中に作った作品を粟島芸術家村（旧粟島中学校）で期間展示している。秋～春は月に2日だけ鑑賞可能。

粟島芸術家村（あわしまげいじゅつかむら）
住 香川県三豊市詫間町粟島 鑑賞日 第2・4土曜13:00～16:00 交 粟島港より徒歩8分 M 103P B-3

島の人がアーティスト

島のあちこちでみつけたおもしろアート。実は、島の人たちが作った作品なのです。

上新田港周辺　ぶいぶいがーでん

捨てるんはもったいないと思って顔を描いたら大変身したわ～

花畑からひょっこり顔を出したかわいらしいおじぞうさんは、漁業で使われなくなったブイ（浮き）を再利用したアート作品。

粟島港周辺　ふれあいパーク

ブイブイ！

港や路地、広場でみつけたユーモアたっぷりの作品たち。広場には、なんと動物園も?！

101

食べる・泊まる

予約なしでランチが食べられる

ル・ポール粟島
る・ぽーるあわしま

レストランを併設した宿泊施設。昼の日替わり定食の他にうどんや丼もあり、島の人たちもお昼ご飯を食べにやってくる。宿泊施設は洋室とキャビン（ペット可）があり、ホテル感覚で利用できる。

住 香川県三豊市詫間町粟島1418-2 ☎0875-84-7878 営11:30～14:00（ランチ） 休なし ¥1泊2食付、2名1室1名あたり8,500円 交粟島港より徒歩5分 M103P B-3

7～9月の夜は、海辺で幻想的なウミホタルのきらめきが楽しめる。

買う

粟島沖で見られるスナメリのストラップは、なんと80歳にもなるおばあちゃんのお手製。

手作りアートも揃う「島のコンビニ」

武内商店
たけうちしょうてん

住 香川県三豊市詫間町粟島1348 ☎0875-84-7015 営7:00～18:00 休毎週日曜 交粟島港より徒歩3分 M103P B-3

食料品や生活用品のほかに、島の人たちが作ったストラップや流木ボールペン、手描き地図が入ったガイドブックなど粟島オリジナルのアイテムも充実していて、お土産探しにもおすすめ。

予約すれば ランチが食べられる宿

おまかせコース 4,000円～

魚介満載の料理に舌鼓

囲炉裏をかこんで瀬戸内の魚介を食べられる。名物の岩風呂は宿泊の価値あり。2日前までに要予約。

粟島太郎
あわしまたろう

住 香川県三豊市詫間町粟島1090 ☎0875-84-7285 営9:00～18:00（食事） 休なし ¥1泊2食付8,800円～ 交粟島港より送迎あり M103P B-2

お昼ご飯 約8品1,200円

郷土料理の茶粥を味わう

かつて島で毎日のように食べられていた茶粥と、おしゃれに盛りつけた料理を味わえる1日1組限定の宿。

民宿 ぎんなん
みんしゅく ぎんなん

住 香川県三豊市詫間町粟島2217 ☎0875-84-6448 営予約に応じる 休なし ¥1泊2食付7,000円～ 交上新田港より徒歩5分 M103P D-1

島の野菜や魚を使った料理を食べにおいで

仲良し夫婦との会話も楽しい

島の食材を使ったおまかせランチを金額に応じて（3,000円～）作ってくれる。予約はランチが1週間前、宿泊は2日前までに。

粟島の宿 粟島ロッジ
あわしまのやど あわしまろっじ

住 香川県三豊市詫間町粟島642-6 ☎0875-84-7387 営11:00～14:00（ランチ） 休なし ¥1泊2食付6,000円～ 交粟島港より徒歩20分 M103P C-2

Awashima 粟島

ブラジャー観音
集落を歩いていると突如現れる観音様。その名も「ブラジャー観音」！近所のおとうさんが、奥さんをモデルに観音像をつくったところ「裸は恥ずかしいだろう」と気を利かせて後からブラジャーを描いたそうな。

レンタサイクル
レンタサイクルの料金所にいる看板娘の「大口しま子」さん。自転車を使いたい人は、しま子さんのお口に入れよう。(1日500円)建物の壁に穴が開いているので、ちゃんとお金が入るようになっている。ここにも、島の人のユーモアがあふれている。

【DATA】起点の港／須田港(1日8便)
問い合わせ／粟島出張所 ☎0875-84-7001

● 食事　● アート作品　● 見どころ
● 宿泊　● その他

━ 県道　━ 国道

X 学校　H 神社　卍 寺院
H 宿泊施設　X 警察署　〒 郵便局

Writer's Notebooks 粟島

弓射の練習を見学しよう

粟島港から小高い丘にある粟島神社まで歩くと、島のおとうさんたちが盛り上がっていました。それぞれが手にしているのは長い弓。真剣な顔で、的へ向かって次々と矢を放っていきました。実は、粟島神社では毎年3月の第1日曜に「ももて祭り」が行われ弓射儀式が披露されます。おとうさんたちは、その日のために集まって毎日のように弓射の練習をしているそうです。本番で28メートル先の的を射るのはなかなか難しいそうですが、見事射れば願いが叶うそう。年に一度の「ももて祭り」に行けない人は、ひょっとしたら練習風景に出会えるかもしれませんよ。

ライター／山下亜希子

塩飽水軍の島を訪ねる

本島
Honjima

瀬戸内海の歴史で忘れてはならないのが本島を拠点に活躍した塩飽水軍。戦国時代から江戸時代にかけて、巧みな操船と造船の技術によって、信長、秀吉、家康に自治を認められた稀有な船方衆です。戦の時代が終わると、廻船業で財をなし、幕末には咸臨丸の乗組員としても活躍しました。そんな勇ましい水軍たちの足跡が、この島には今もあちこちに残っています。

本島

瀬戸大橋をパノラマで
塩飽大工学校の生徒が手がけた尾上神社の境内から山道を登ること約15分。瀬戸大橋を一望できるご来光ポイント。土日は橋のライトアップも（時期によって変更あり）。

とおみやまてんぼうだい
遠見山展望台
交本島港から尾上神社まで徒歩約30分、レンタサイクル15分 M 107P C-2

塩飽のさとで歴史さんぽ

まずは塩飽水軍の歴史を体感できるスポットをご案内します。

塩飽水軍の歴史を今に伝える
江戸時代、島の人たちが大名の代わりに自治を行っていた政所跡。信長、秀吉、家康の朱印状や咸臨丸の足跡など塩飽水軍の貴重な資料を展示。

しわくきんばんしょ
塩飽勤番所
住香川県丸亀市本島町泊81 ☎0877-27-3540 営9:00～16:00 休月曜 交本島港から徒歩10分 M 107P C-3

塩飽大工の技を今に伝える
真木邸をはじめ、塩飽大工が建てた3つの民家を公開。船大工ならではの工夫を聞きながら、ガイドさんと巡るとさらに面白い。

かさしままちなみほぞんせんたー
笠島まち並保存センター
住香川県丸亀市本島町笠島256 ☎0877-27-3828 営9:00～16:00 休月曜（1～2月は土日祝のみ開館）¥200円（3館共通券）交本島港から徒歩30分、レンタサイクル10分 M 107P D-2

畳でくつろぐ島カフェ
野菜カレー（650円）

笠島保存地区内の木・金・土曜のみオープンの古民家カフェ。特製の野菜カレーや手作りスイーツが人気。地元作家の作品展示なども。

ぎゃらりーあんどかふぇ われもこう
ギャラリー&カフェ 吾亦紅
住香川県丸亀市本島町笠島 ☎0877-27-3007 営11:30～17:00 休月～水曜（12～2月は冬期休業）¥1泊2食付23,000円～ 交本島港から徒歩30分、レンタサイクル10分 M 107P D-2

塩飽大工が建てた民家に泊まる
船の曲線を描いた塀は船大工の技。築140年の古民家宿では、漁師から仕入れた魚介を使い、本格的な料理でもてなしてくれる。

みんしゅく やかたぶね
民宿 やかた船
住香川県丸亀市本島町笠島302 ☎0877-27-3578 ¥1泊2食付8,500円～、昼食のみ1,050～5,000円（食事・宿泊とも要予約）交本島港から徒歩30分、レンタサイクル10分 M 107P D-2

本島

まだまだある
本島のみどころ、食べどころ

本島の魅力は歴史だけじゃありません。自然や食べものなど島ならではの楽しみがいっぱい。瀬戸内の美しい景色に新鮮な魚、本島イルカ村ではフレンドリーなイルカたちも待っていますよ。

シャワー完備
屋釜海水浴場もあるよ！

イルカと一緒に待ってます！

大人も子どもも
ハマるかわいさ
ベテラントレーナーが親切に対応。良心価格で間近にイルカと触れ合えるとリピーターも多い。ファミリーにもおすすめ。冬は尻浜屋内プールへ移動。

ほんじまいるかむら
本島イルカ村
住 香川県丸亀市本島町笠島屋釜 ☎0877-57-8018 営4〜10月は1日6回（9:00、10:00、11:00、13:00、14:00、15:00）、11〜3月は1日2回（11:30、14:30、見学のみ）¥ 見学500円（約15分）、ふれあい（餌やり）3,000円（約15分）、スイム8,000円（約40分、機材料金、要水着）交本島港からバスでバス停「屋釜」下車すぐ、本島港からレンタサイクルで約20分 M107P B-2

1,300年の歴史をもつ山寺
奈良時代に行基が開いたと伝えられ、理源大師の生誕地としても知られる。7月には珍しい真夏の火渡り神事も。寺の裏山からは島を360度眺められる。

しょうかくいん
正覚院
住 香川県丸亀市本島町泊842 ☎0877-27-3204 交本島港から徒歩約30分、途中までレンタサイクルを使って約20分。3日前に予約すれば送迎可 M107P B-3

魚が美味しいアットホームな宿
築100年以上の元網元の家はどこか懐かしいホッとする佇まい。新鮮な魚料理は食事のみも可（3日前要予約）。目の前が海なので海水浴にも便利。

みんしゅく しわくや
民宿 塩飽家
住 香川県丸亀市本島町泊693 ☎0877-27-3877 ¥1泊2食 6,500円〜、食事のみ1,000〜2,500円（宿泊、食事とも要予約）交本島港から徒歩7分 M107P C-4

港の隣りにある魚自慢の食堂
釣り名人のご店主が釣った新鮮な島魚を使った定食（時価）がおすすめ。うどんやカレーライス、丼などメニューも豊富。船待ちの休憩にも便利。

じょけんぼう
所見坊
住 香川県丸亀市本島町泊494-16 ☎0877-27-3728 営9:00〜16:30 休木曜 交本島港から徒歩すぐ M107P C-4

瀬戸大橋を真一文字に眺める
瀬戸大橋の斜張橋をちょうど真横から一望できるビューポイント。電車が通る様子も見てとれて面白い。春は桜もきれい。

しんざいけかいがん
新在家海岸
住 香川県本島港から徒歩20分、レンタサイクル10分 M107P D-3

106

Honjima 本島

【DATA】起点の港／丸亀港（香川県丸亀市）1日8便
問い合わせ／本島市民センター ☎0877-27-3222

瀬戸内海

向島
弁天島
フクベ鼻
屋釜海水浴場
本島イルカ村 (P.106)
古民家カフェ月乃雫
森中商店
笠島港
尾上神社 (P.105)
笠島まち並み
ギャラリー＆カフェ吾亦紅 (P.105)
保存センター (P.105)
やかた船 (P.105)
福田漁港
三社神社
大浦港
高無防山 ▲199
専称寺
田中商店
宝泉寺
四社神社
遠見山展望台 (P.105)
長徳寺
庭日神社
新在家海岸 (P.106)
園の州
八坂神社
正覚院 (P.106)
八幡神社
惣光寺
徳玉神社
水見色小学校
持寶寺
塩飽勤番所 (P.105)
本島小学校
東光寺
尻浜港
倉藤商店
瀬戸香苑
山王神社
カメヤマ鼻
本島中学校
三所神社
宝性寺
夫婦蔵
年寄りの墓
本島市民センター (P.107)
常福寺
農協
フェリー乗り場
本島郵便局
所見坊 (P.106)
来迎寺
泊港
塩田商店
木烏神社＆千歳座
生ノ浜港
民宿 塩飽家 (P.106)
泊海水浴場
阿弥陀寺
ジョウケンボ鼻
前田商店
大山神社
本島港
小阪港

カブラサキ鼻

500m

Writer's Notebooks 本島

本島を楽しむコツを教えてくれる

歴史トリビアの宝庫である本島を楽しむなら、ぜひガイドツアーを体験して。希望に応じてコースを組んでくれるので効率よく島をまわりたい人にもおすすめです。

ほんじまかんこうがいど
本島観光ガイド

🏠香川県丸亀市本島町泊506-1（本島市民センター内）☎0877-27-3222 🕐8:00〜17:00 土・日・祝日 ガイド料2,000円（3時間）本島港から徒歩10分 107P C-3

● 食事　● アート作品　● 見どころ　● 宿泊　● その他
県道　国道　Ⓢ学校　⛩神社　卍寺院　Ⓗ宿泊施設　Ⓧ警察署　〒郵便局

ライター／小西智都子

その他の島々

丸亀港から渡る島

牛島 Ushijima
広島 Hiroshima
手島 Teshima
小手島 Oteshima

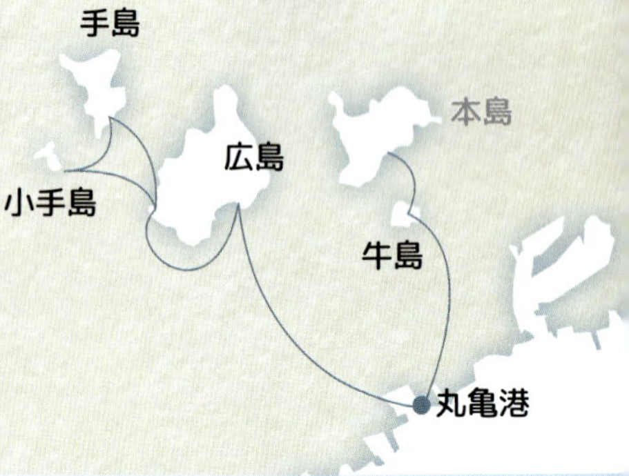

人口13人の小さな島には、商店や自販機、公衆トイレはありませんが、宿が1軒だけあります。それが、ゲストハウス「アイランドガール」。築150年の古民家宿で、江戸時代にタイムスリップした気分で過ごせます。

・赤灯台
・里浦港
・極楽寺の無限の鐘
・聖神社

牛島

・牛島ガーデン
・ゲストハウス「アイランドガール」
・「アイランドガール」別棟
・湿地帯
・池神社

ゲストハウス アイランドガール
住 丸亀市牛島小浦
☎ 0877-27-3818

【DATA】起点の港／丸亀港(香川県丸亀市)、1日2便
問い合わせ／本島観光案内所 ☎ 0877-27-3077

文字どおり塩飽諸島で一番広い島。昔から青木石の産地として有名で、南側を車で走っていると切り立った採石場跡の断崖が次々と視界に入ってきて、なんともエキサイティング。今でも数カ所で採石が行われています。

「いろはにほへと…」を1文字ずつ頭文字にした名言が刻まれた石碑を辿ると、島を1周することになる。

手島
小手島
広島
本島
牛島
丸亀港

・採石場跡は崖崩れの恐れがあるので、くれぐれも近寄らないで。
・山の上展望駅（W.C)

広島

・ポニー牧場
・天野ショッピングセンター
・心経山
・青木港フェリーのりば
・仏木寺
・王頭山
・江ノ浦港フェリーターミナル
・尾上邸

江戸時代に廻船問屋として栄えた尾上邸の邸宅（外観のみ見学可）。

・波節岩灯標

【DATA】起点の港／丸亀港(香川県丸亀市)、1日9便
問い合わせ／広島市民センター ☎ 0877-29-2030

108

その他の島々 牛島・広島・手島・小手島

毎年、夏になるとヒマワリ畑が満開になって、まるでふかふかの黄色いじゅうたんのよう。島の人たちが、島に遊びにきた人たちを迎えるために植えたヒマワリです。また、山道を歩いて高須の浜にいくと、製塩土器などの遺跡がたくさん見つかります。

手島港から島を貫く1本道を歩いていくと、海岸の手前にトウガラシ畑が見えてきます。

手島

安養寺・八幡神社・制札場・稲生神社・手島港・ヒマワリ畑・トウガラシ畑・高須

【DATA】起点の港／丸亀港(香川県丸亀市)、1日3便　問い合わせ／広島市民センター ☎0877-29-2030

香川県の有人島で一番小さな島では、あちこちで島の人たちによるとってもおちゃめなアート作品が鑑賞できます。いくつ見つけられるかは、観察力によるかも。作品名がついているものもあれば、ないものもあるので、地図を見ながら探してみてください。

「姉さん女房ならぬ…。」

小手島

玉津島神社・たこつぼ・竹信号・ペイントアート・漁船のトリックアート・かかし・猫のたまり場・姉さんダルマ・キャンディ・愛の巣箱・小手島港・竹かかし・フェリー待合室・竹タワー・一枚の絵・望遠鏡・トーテムポール・小手島小中学校

玉津島神社
港と集落を見守っています。

愛の巣箱
鳥の巣が、愛らしいネーミングで愉快な作品に。

漁船のトリックアート
元漁師のおじさんが乗らなくなった漁船に色を塗り、背景の家と同化させた大きな作品。

【DATA】起点の港／丸亀港(香川県丸亀市)、1日3便　問い合わせ／広島市民センター ☎0877-29-2030

その他の島々

与島・岩黒島・櫃石島

瀬戸大橋で渡る島

与島 Yoshima
岩黒島 Iwakurojima
櫃石島 Hitsuishijima

香川県と岡山県をつなぐ瀬戸大橋。その橋を渡って行ける島が3つあります。いつもは船で上陸しますが、今回はJR坂出駅とJR児島駅を結ぶ路線バスに乗っていざ出発。まず香川県に一番近いのが与島。日本初の海上パーキングエリア「与島プラザ」があり、3島で唯一マイカーで上陸できます。ここで岡山側のバスに乗り換えて、お次は岩黒島へ。岩黒島には魚自慢の民宿が3軒。みなご常連に釣り客が多いと言いますから、魚の味は折り紙付き。そして最後は櫃石島。島内では終着の駅となるバス停「櫃石」で降りると、古き良き昔ながらの島風景が。路地をのんびり歩いているとタイムスリップしたよう。また大浦通この線橋は、瀬戸大橋の線路の上を歩いて渡るユニークな橋。鉄道マニアならずとも訪れてみて。

【DATA】起点の港／JR坂出駅（香川県坂出市）、JR児島駅（岡山県倉敷市）1日7便
問い合わせ／坂出市観光協会
☎0877-45-1122
※岩黒島と櫃石島は島民以外の一般車両では降りられませんので、バスを利用してください。
※岩黒島と櫃石島は島内にスーパー等のお店はありません。事前に食べ物、飲み物を準備して船に乗りましょう。

手づくりジェラート
カフェまりんちゃんでは、和三盆、藻塩、トマト、鳴門金時など、四国の食材を使った手づくりジェラート(360円)が人気

架け橋夢うどん
本場の讃岐うどんに、愛媛のじゃこ天や高知の米なすの天ぷらなど四国の食材をトッピング(かけ小299円＋じゃこ天154円)

城の鼻
のどかな漁港と巨大な橋の対比が面白い。バス停「浦城」下車、徒歩5分

展望台からの眺め
瀬戸内海を行き交う大小の船を眺めていると時間が経つのを忘れる。特に夕日は最高

鍋島灯台
なべしまとうだい
明治5年「日本の灯台の父」と呼ばれたイギリス人ヘンリーブラントンの設計によるもの。現在は立ち入り禁止だが、橋の上からよく見える。

与島プラザ
よしまぷらざ
フードコート、売店、道路案内所などを併設。売店には四国中のお土産が勢揃い。旅の小休止に立ち寄りたい。一番人気のバウムクーヘン(411円〜)は与島プラザ限定

香川県坂出市与島町西方587　☎0877-43-0502　フードコート、売店 8:00〜21:00(土日祝7:30〜21:30) 架け橋夢うどん 10:00〜16:00(土日祝10:00〜17:00) カフェまりん 10:30〜18:00

（地図内ラベル）
塩飽水軍与島資料館
与島出張所
菊野商店
天津神社
第2駐車場
薬師如来堂
法輪寺
与島港
鍋島灯台
城の鼻
瀬戸中央自動車道
与島PA
与島

その他の島々 与島・岩黒島・櫃石島

櫃石島 王子神社
島の氏神様を祀る。毎年1月下旬に行われる約600年の歴史を持つ「ももて祭」が有名

櫃石島 民宿 池田
鯛漁師の池田さん夫妻が営む島で唯一の民宿。刺身、塩釜焼き、吸い物、鯛飯…、自慢の「鯛尽くし」を求めて県外のリピーターも多い。

民宿 池田（みんしゅく いけだ）
🏠 香川県坂出市櫃石691-2 ☎ 0877-43-0070 営IN14:00〜/OUT11:00 休なし ¥1泊2食付 8,800円〜

瀬戸大橋の線路の上を歩いて渡る大浦通コ線橋

櫃石岩 名前の由来になった櫃岩

砂浜には島名の由来になった黒岩(閃緑岩)がゴロゴロ

エレベーターで上陸!
岩黒島は、瀬戸大橋の上にバス停があるので、そこからエレベータで島へ降りましょう

岩黒島 民宿 岩本
四季折々の瀬戸内の地魚がお頭付きで出てくるボリューム満点のランチが人気。看板猫が迎えてくれる。

民宿 岩本（みんしゅく いわもと）
🏠 香川県坂出市岩黒178-3 ☎ 0877-43-0323 営IN15:00〜/OUT11:30 ¥1泊2食付8,000円〜、食事のみ3,000円(2名以上)〜 ※1週間前までに要予約

岩黒島 民宿 岩黒
ヒラメやタイなど獲れたてを肉厚のお刺身で。島名の黒岩を熱した「タイの石焼」が名物。

民宿 岩黒（みんしゅく いわくろ）
🏠 香川県坂出市岩黒79-2 ☎ 0877-43-0425 営IN16:00〜/OUT9:00 休なし ¥1泊2食付 10,000円、食事のみ5,000円〜 ※1週間前までに要予約

岩黒島 民宿 みはらし
現役漁師さんが営む宿。地タイの姿焼き(4人〜)は、シンプルだからこそ素材の違いがわかる。

民宿 みはらし（みんしゅく みはらし）
🏠 香川県坂出市岩黒215-1 ☎ 0877-43-0356 営IN16:00〜/OUT11:30 ¥1泊2食8,000円〜、食事のみ3,000円(4名以上)、5,000円(2〜3名) ※3日前までに要予約

その他の島々 高見島・佐柳島

石垣と迷路のような路地

高見島 (Takamijima)

多度津港からフェリーで25分。高見島は、「男はつらいよ」「瀬戸内少年野球団」などの映画のロケ地に選ばれた島。急斜面に自然石を積み上げた石垣が築かれ、江戸時代中期からの伝統的様式を持つ家々が残る浦集落と、海に近く漁村の風景が残る浜集落があります。両墓制の風景が残っています。

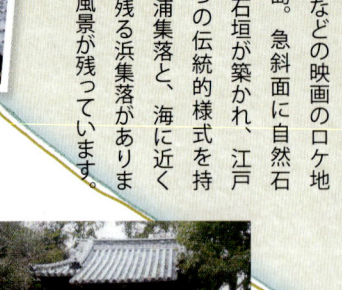

石垣と路地が美しい浦集落。道の要所には手作りの案内板があるので、便利。

流行病を防ぐため、明治時代に建てられたという神社「祇園社」。

大聖寺（だいしょうじ）
港から坂道や細道を歩いて10分。浦集落にあるお寺。石段や境内から美しい海が見える。

海岸線を歩いて20分。岩に弘法大師のお姿が映るといわれる「西浦大師堂」に到着。

大聖寺の鐘楼門の上で発見！一人で屋根を支える力士像。

民宿森田では、希望すれば地域の伝統食、茶粥を食べることができる。食事のみの利用可。

民宿森田（みんしゅくもりた）
住 香川県仲多度郡多度津町高見1698 ☎0877-34-3236 ¥宿泊一泊三食付 一人 8,000円 ※食事、宿泊とも2日前までに要予約

【DATA】起点の港／多度津港（香川県多度津町） 1日4便
問い合わせ／多度津町高見出張所 ☎0877-34-3101
※島にお店などはありません。事前に食べ物、飲み物を準備して船に乗りましょう。

地図記載地点：祇園社、浦の両墓制、龍王山 龍王宮、大聖寺、商店のケーブル跡、中塚邸、浦港、森田屋、元高見小学校、郵便局、浜港、西浦大師堂、高見八幡宮、室町時代の五輪塔、浜の両墓制

島で唯一の宿、民宿森田さん。

案内板 港前に島の案内図があるので、島巡りの参考に。

美しい勾配の石垣を持つ民家。大聖寺に向かう道の途中にある。

猫と天狗が待つ島

佐柳島 (Sanagijima)

多度津港からフェリーに乗って、高見島経由で約1時間。「猫の島」として知られる佐柳島は、両墓制の風景が残る島。本浦島と長崎の2つの集落は、海岸線に沿って続く道で結ばれています。潮風をお供に、瀬戸内海を独り占めしながら、のんびり歩こう。

長崎の埋め墓・・石地蔵

漁師の網にかかって引き上げられたという話が伝わる「石地蔵」。

海岸線にあるレトロな木造校舎（元佐柳小学校）。現在は佐柳島体験センター。

遺体を埋葬する「埋め墓」と霊魂を祭る「参り墓」。長崎の埋め墓は香川県有形民俗文化財。

大天狗神社の本殿のそば。石垣の中に天狗様を発見！

多度津町佐柳島体験センター

多度津町役場 佐柳出張所
八幡神社

1684年建立といわれる島の産土神「八幡神社」。

大天狗神社（だいてんぐじんじゃ）
天狗様の神社。お願いすると失せ物を見つけてくれるとか。長い石段の途中から見える海の景色が美しい。

地図記載地点：長崎港、多度津町佐柳島体験センター、多度津町役場佐柳出張所、八幡神社、大天狗神社、本浦港、乗蓮寺、帆かけ岩、くじら岩

島の南端から見える岩場「くじら岩」。満潮時など注意。

【DATA】起点の港／多度津港（香川県仲多度郡） 1日4便
問い合わせ／多度津町佐柳出張所 ☎0877-35-3101
※島に飲食店はありません。事前に食べ物、飲み物を準備して船に乗りましょう。

いりこの島 伊吹島 Ibukijima

伊吹島は日本有数のいりこの産地。島をぐるりと囲む「イリバ」では、水揚げから加工まですべて担い、漁期にあたる6〜8月になるといりこだしのいい香りが辺りに立ちこめます。伊吹いりこは港側の漁協で販売しているので島土産にぜひ。島内は急な坂道が迷路のように続いているので、歩きやすい靴がオススメです。

その他の島々 伊吹島・志々島

荒神社では毎年6月の「名越しの大祓」に夜神楽が行われる

「出部屋」跡。かつて出産前後の母子が約1カ月ここで共同生活を送った

島の東岸にずらりと並んだ「イリバ」とイリコ漁の様子。初夏から夏にかけて活気づく

【DATA】起点の港／観音寺港（香川県観音寺市）1日4便 問い合わせ／観音寺市伊吹支所 ☎0875-29-2111（平日8:30〜17:15のみ）

大楠に守られて 志々島 Shishijima

島のシンボルである樹齢1200年の大楠は、天に向かって大きく枝を広げた姿が神々しい。近年は、かつて花き栽培が盛んだった頃の風景を復活させようと「花の島」プロジェクトが進行中。ヤギを飼って耕作放棄地の草を食べてもらい、ミツバチに島中へ受粉を促してもらおうという壮大な計画。島へ行くと、元気なヤギたちが迎えてくれますよ。

【DATA】起点の港／宮の下港（香川県三豊市）、須田港（香川県三豊市）1日3便 問い合わせ／三豊市観光協会 ☎0875-56-9121

船の待合所＆カフェ「楠々」

楠々ではヤギさんグッズも売ってるよ 
マグカップ（400円）

世界で一番小さなおうち「埋め墓」。遺体を埋葬する「埋め墓」と霊魂を祭る「参り墓」。1人に2つのお墓をつくる習わし「両墓制」の名残り

113

都会の人ごみで、
カフェで、
教室で、
おうちで…。

ふと、空を見上げたくなったら、
それは、せとちゃんが、そばにいる合図。
「そろそろ島の時間ですよ」って、
あなたを誘いにきてるのかもしれません。

せとちゃんのお仕事は、
いろんな人たちに、
島からの風を届ける、空の配達人。
瀬戸内海の島々を巡りながら見つけた、
風景や暮らし、人々の笑顔を鞄につめて、
みんなの元へ届けます。

http://setouchikurashi.jp

せとうち暮らし

香川の島と陸をつなぐコミュニティマガジン
「せとうち暮らし」好評発売中！

「せとうち暮らし」が全国の書店で買えるようになりました。
ご注文する際、発売元は西日本出版社とお伝えください。
価格 890円＋税　B5判・96P　季刊発行（年3回）　お近くの書店にお問い合わせください。

ROOTS BOOKS

お問い合わせ
香川の小さな出版社
ROOTS BOOKS （株）瀬戸内人内
〒760-0052　香川県高松市瓦町1丁目12-28平田ビル2F
TEL＆FAX　087-887-3221　http://setouchikurashi.jp

発売
西日本出版社
〒564-0044
大阪府吹田市南金田1-11-11-202
TEL 06-6338-3078　FAX 06-6310-7057

定期船のない島

瀬戸内国際芸術祭で開かれた島

大島 Oshima

高松港から官用船に乗って約20分。大島は、島全体が国立ハンセン病療養所「大島青松園」。ハンセン病から回復した人たちが暮らす島です。入所者の人々は、1996年、「らい予防法」が廃止されるまで、国の誤った施策により故郷や家族から強制的に引き離され、病気が治った後も隔離され続けてきました。瀬戸内国際芸術祭の開催地の一つとして選ばれたことをきっかけに、アート作品、ギャラリーやカフェが誕生。様々な交流が生まれています。

風の舞
1992年に約1,000人のボランティアの協力でつくられたモニュメント。ここに眠る魂が風に乗って、自由に解き放たれるようにとの願いが込められている。

カフェ・シヨル
やさしい美術プロジェクトの作品で、現在は瀬戸内国際芸術祭ボランティアサポーターこえび隊が運営する。島で採れた野菜や果物を使った季節のお菓子やドリンクを、大島の土で作った器で提供しているカフェ。入所者の皆さんとの交流の場となっている。
■開館日は毎月第2土・日曜日 詳細はhttp://www.koebi.jp
■行き方 高松港から官用船で約20分。大島港に着くと、こえび隊が島内を案内してくれる。（開館日のみ）

島の人の思い出のお菓子ろっぽう焼と季節のパウンドケーキをお出ししています！

やさしい美術プロジェクト「カフェ・シヨル」撮影:高橋公人

■生活区域のため立ち入りできない　⊘立ち入り禁止
【DATA】問い合わせ／瀬戸内こえびネットワーク ☎087-813-1741

やさしい美術プロジェクト「つながりの家」資料展示室 撮影:高橋公人

{つながりの家} 資料展示室
入所者が暮らしてきた建物に開設された「資料展示室」。

大島会館

田島征三「青空水族館」撮影:高橋公人

青空水族館
入所者が暮らしていた建物を「水族館」に。建物全体が、海賊と人魚の恋物語が塗り込められた「空間絵本」となっている。

マップラベル:
火葬場・畑・風の舞・藤棚・青空水族館・ミニ八十八ヶ所めぐり・防空壕跡・{つながりの家}資料展示室・ゲートボール場・桜公園・納骨堂・大島会館・カフェ・シヨル・自治会事務所・文化会館・多目的広場・福祉室・墓標の松・眉山亭・港

115

普段着の島を訪れる
それでも行きたい定期船のない島

定期船のない島
小豊島・小与島・屏風島・六口島・石島・松島・長島

香川の島
小豊島 おでしま
島民より牛の数が多い畜産の島

人口13人に対して、約450頭の肉牛を育てている畜産業が盛んな島。小豆島で生産されるオリーブの搾りかすを使い、独自加工した飼料を与えた「オリーブ牛」の肥育に取り組んでいる。

- 面積／1.09㎢　●周囲／4.3km
- 人口／13人（H27.3）●宿／なし　●飲食店／なし
- 問い合わせ／☎0879-62-7004（土庄町商工観光課）

香川の島
小与島 こよしま
天然記念物のササユリが自生

大正期から与島石の採石が盛んになり、ピーク時の人口は190人を数えていたが、近年では資源が乏しくなり、現在の人口は2名。香川県の天然記念物に指定されている「小与島のササユリ」が自生する。

- 面積／0.26㎢　●周囲／1.3km　●人口／2人（H27.3）
- 宿／なし　●飲食店／なし
- 問い合わせ／☎0877-45-1122（坂出市観光協会）

香川の島
屏風島 びょうぶじま
古代の製塩遺跡が残る島

「屏風七浦」と呼ばれる群島の一つ。防波堤でつながっている隣の喜兵衛島（無人島）では、大規模な製塩遺跡が発見されている。屏風島の港横の浜辺でも、赤土色の製塩土器の破片を見つけることができる。

- 面積／0.12㎢　●周囲／3.0km
- 人口／24人（H26.4）●宿／なし　●飲食店／なし
- 問い合わせ／☎087-892-2299（直島町観光協会）

定期船のない島

小豊島・小与島・屏風島・六口島・石島・松島・長島

香川県、岡山県の有人島の中には、定期船のない島もあります。そのほとんどが人口100人未満の小さな島、海上タクシーをチャーターするか、島の人たちが使っている渡船などを利用しなければ渡ることができません。旅人が気軽に訪れることができないということもあって、それらの島々には観光を目的に作られたものではなく、人々の日常、暮らしの風景、手つかずの自然が広がっています。もし、「だからこそ行きたい」という人がいたら、少しだけアドバイスです。

それぞれの島にはそれぞれの歴史や文化があり、人々が築き上げてきた暮らし方があります。郷に入れば郷に従えの精神で、島の時間を楽しんでください。いつも急ぎ足で歩いている人は、少しだけゆっくりと歩いてみませんか。見慣れているはずの空や海がいつもと違って見えるかもしれません。一つの島をじっくりのんびり歩いてみてください。

基本的にどの島も島内にお店はありません。飲み物や食べ物は事前に準備して忘れずに持参しましょう。公衆トイレがない場合もあるので、島へ渡る前に済ませておくのがいいかも。島の皆さんの日常にお邪魔します。出会ったら「こんにちは」の挨拶を忘れずに。

岡山の島

六口島 むぐちじま
海水浴やキャンプで賑わう青少年の島

海水浴をはじめ、島内にはキャンプ場が整備され、青少年の野外活動の拠点となっている島。島内を巡る遊歩道を利用して、自然観察やオリエンテーリングができる。国指定天然記念物「象岩」がある。

- ●面積／1.09㎢
- ●周囲／5.9km
- ●人口／10人（H 22.10）
- ●宿／2軒
- ●飲食店／なし
- ●問い合わせ／☎086-226-7267
（岡山県県民生活部中山間・地域振興課）

岡山の島

石島 いしま
岡山県と香川県の県境がある島

直島諸島の北の端にある島。島内に県境があり、北部の岡山県側が「石島」、南部の香川県側が「井島」。ノリの養殖が盛ん。岡山県側にだけ人が暮らしている。

- ●面積／0.82㎢
- ●周囲／2.3km
- ●人口／91人（H 22.10）
- ●宿／なし
- ●飲食店／なし
- ●問い合わせ／☎086-226-7267
（岡山県県民生活部中山間・地域振興課）

岡山の島

松島 まつしま
岡山県の有人島最小の島

瀬戸内海を展望する倉敷市鷲羽山の目の前にある島。岡山県の有人島では最小。中世には水軍城が築かれ、島全体が城塞になっていたという。伊予の海賊、藤原純友に由来する純友神社がある。

- ●面積／0.08㎢
- ●周囲／1.2km
- ●人口／3人（H 22.10）
- ●宿／なし
- ●飲食店／なし
- ●問い合わせ／☎086-226-7267
（岡山県県民生活部中山間・地域振興課）

岡山の島

長島 ながしま
世界遺産登録に向け準備が進む島

自然豊かな長島は、国立ハンセン病療養所「長島愛生園（ながしまあいせいえん）」と「邑久光明園（おくこうみょうえん）」のある島。現在は過去に行なわれた国の誤った隔離政策によって入所者が受けた人生全般にわたる被害を回復することを目標に、入所者の療養生活支援とハンセン病を正しく理解するための啓発活動が続けられている。長島愛生園では園内の史跡めぐりをはじめ、ハンセン病や療養所の歴史を伝える歴史館の見学（1時間と3時間コース）ができるほか、邑久光明園でも施設見学をはじめ、ゆるキャラ「こみょたん」による同園のPR活動が進められている。1988年に邑久長島大橋が完成し、陸続きになった。施設見学は事前に申し込みが必要。

- ●面積／3.5㎢
- ●周囲／16km
- ●人口／約1,000人（H 26）
- ●宿／なし
- ●飲食店／なし
- ●問い合わせ
  ☎0869-25-0321（長島愛生園）
  ☎0869-25-0011（邑久光明園）

直島	児島	高松
小豆島	粟島	

瀬戸内エリアの多彩な宿

Have you fixed where to stay?

お気に入りの宿を探して、ぜひ島旅の拠点に。
日常では味わえない、
のんびりした時間を過ごしてリラックス。
波の音と共に目覚めたら、さあ旅の続きがはじまる。

掲載料金は税・サ込みの宿泊料金の目安です。
※2015年3月1日現在の情報です。出発前に必ず最新情報をご確認ください。

ホテル　旅館　ペンション　ゲストハウス　公共の宿　民宿・その他

直島
民宿おやじの海
田舎のおばあちゃんちのような、ほのぼのとした時間が流れる

築90年の古民家で楽しい旅のひと時を。

犬・猫と触れ合え、敷地内の猫カフェで朝食も食べられる動物好きにおすすめの宿。シーガラスや貝殻を使ったアクセサリー作りも体験でき、旅の記念にぴったり。（予約制・材料費別途）

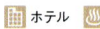

香川県香川郡直島町本村774
☎090-5261-7670（受付8:00～22:00）
P／なし※近隣に町営駐車場（無料）あり　料／大人素泊まり1名4,000円～　農協バス停より徒歩約1分

瀬戸大橋と多島美の大パノラマ
最高のロケーションで優雅な時間を。

鷲羽山で一番の高台に位置し、瀬戸大橋はもちろん瀬戸内海を一望できる白亜のリゾートホテル。お洒落で清潔感と開放感のある絶景露天風呂「さざなみの湯」で雄大な瀬戸大橋と瀬戸内海の多島美を見ながら、マイナスイオンを多く含んだお風呂に心ゆくまで、ゆっくりと浸かることができる。夕食は、瀬戸内の旬の食材をふんだんに使った和食会席料理または、最上階レストランでフレンチコース料理を堪能。宇野港や香川へのアクセスも良いので、島めぐりの拠点にもおすすめ。

おすすめ！Information

季節の特別プラン
「せとうち四季プラン」
1泊2食付、2名1室1名あたり 12,700円～

宿泊客に好評の朝食と夕食が付いた季節のお得な宿泊プラン。
オプションで夕食のグレードアップも可。詳しくは電話で問い合わせを。

児島
せとうち児島ホテル
客室やレストランから見下ろす景色の美しさは格別

岡山県倉敷市下津井吹上303-53
☎086-473-7711　P／あり（無料）
チェックイン・アウト／14:00・11:00
日帰り入浴／一般1,000円、小人（12歳まで）500円※タオル無料貸出あり
利用時間13:00～15:00※臨時休業あり
瀬戸中央自動車道児島ICより車で約3分
http://www.setouchi-kojima-hotel.jp/

瀬戸内海の絶景を堪能できる露天風呂 　さまざまなタイプの客室が用意されている

118

瀬戸内エリアの多彩な宿

高松の街の中心部にあり
観光にとても便利なエリア

高松港から車で約5分、商業施設「丸亀町GREEN」のすぐ上にあるおしゃれなホテル。フロントには有名店も載ったうどんマップが用意されており、場所などわからないときは、スタッフが丁寧に教えてくれる。また、丸亀町GREEN西館から出ているまちバス（乗車料100円）を利用して、アートや自然に触れるプチ散策もおすすめ。宿泊プランでは、1名からOKの「うどん体験付きのプラン」が人気。レディースルームには、スチーマーやフットマッサージ機が付いておりアメニティも充実している。

リーズナブルプラン
素泊まり1名1室1名あたり 4,600円～

チェックイン後、フロントでドリップコーヒーや女性限定で入浴剤、ネイルリムーバーなどアメニティのプレゼントも。追加料金1,030円で、野菜をふんだんに使ったビュッフェスタイルの朝食が食べられる。香川県ならではのセルフスタイルのうどんもあり、宿泊客に好評。

おすすめ！ Information

高松

ホテルの真下には商業施設があり、おみやげ探しにも便利

ダイワロイネットホテル高松

香川県高松市丸亀町8-23丸亀町GREEN8F
☎087-811-7855
P／あり（1台1泊1,200円）
チェックイン・アウト／14:00・11:00
JR高松駅より徒歩で約18分
高松空港より車で約30分
ことでん瓦町駅より徒歩で約8分
http://www.daiwaroynet.jp/takamatsu/

モダンな洋室が揃う（写真はツインルーム）
近隣のうどん店の場所なども丁寧に教えてくれる 

高松港から徒歩約10分！
島旅の拠点として楽しめるエリア

高松港から徒歩圏、兵庫町商店街に位置し、港へのアクセスは抜群。ロビーには瀬戸内の島々の情報がそろう「島旅コーナー」があり、ホテルスタッフが島旅のお手伝いもしてくれる。デラックスツインには日本三大花崗岩の一つとして世界的にも評価が高い「庵治石（あじいし）」とコラボレーションした「AJIルーム」があり、美しい讃岐ロケーションを感じることができる。繁華街が近いので、讃岐の味覚が楽しめる郷土料理店や居酒屋、こだわりの老舗バーなどに出かけてみるのもおすすめ。

おいしい朝ごはんがおすすめ！
メニューの種類も豊富なビュッフェスタイルの朝食

目の前でコックが卵料理などを焼いてくれるほか、焼きたてのクロワッサン、小豆島の佃煮やしょうゆ豆、セルフうどんコーナーがあるなど充実の朝食を楽しめる。（素泊まり料金に＋1,342円で利用OK・宿泊客以外の利用も可）

おすすめ！ Information

Ⓐ AJI PROJECT × 高松 東急REIホテル

高松

庵治石とコラボした客室では、部屋でも石のアートを楽しめる

高松東急REIホテル（旧 高松東急イン）

香川県高松市兵庫町9-9
☎087-821-0109
チェックイン・アウト／15:00・10:00
P／あり（1泊1,080円）　料／素泊まり2名1室1名あたり4,700円～
高松港より徒歩で約10分、JR高松駅より徒歩で約7分、高松中央ICより車で約20分

高松東急REIホテル　検索

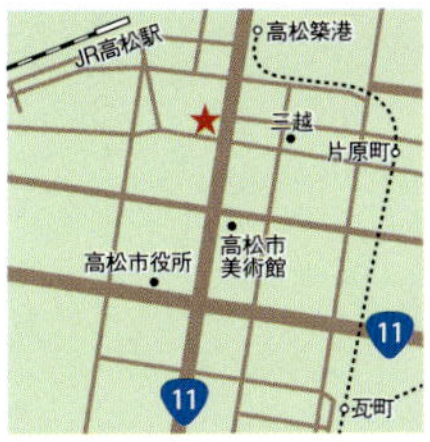

朝食は和洋のビュッフェスタイル
デラックスツインからシングルまで全191室

| ホテル | 旅館 | ペンション | ゲストハウス | 公共の宿 | 民宿・その他 |

瀬戸内エリアの多彩な宿

モダンツインをはじめ用途に合わせた客室が豊富

自慢の天然温泉は高い保湿効果で女性にうれしい

客室の大きな窓から望む瀬戸内の穏やかな海が、素敵な時間を演出してくれる全室オーシャンビューのリゾートホテル。瀬戸内海に囲まれた小豆島は、海の幸の宝庫でもあり、毎日水揚げされる新鮮な魚介と島野菜を中心とした料理も楽しみのひとつ。夕食は讃岐牛やハマチを使った会席料理やバイキングから選ぶことができる。宿泊中は何度でも最上階にある展望風呂に入浴でき、露天風呂に入りながら眺める星空は、また格別の美しさ。こんこんと湧き出る温泉をひとりじめできる貸し切り個室露天風呂も人気。各港への無料送迎があるので、観光や瀬戸芸アート作品めぐりに最適の拠点だ。

島の名産を使用した食事と天然温泉を心ゆくまで満喫！

小豆島
ベイリゾートホテル小豆島

香川県小豆郡小豆島町古江乙16-3
☎0879-82-5000
チェックイン・アウト／15:00・10:00
P／あり（無料）
坂手港より車で約5分、草壁港より車で約10分、池田港より車で約20分、福田港より車で約25分、土庄港より車で約35分、大部港より車で約50分

おすすめ！Information

オーシャンビューモダンツイン
1泊2食付き、2名1室1名あたり
11,880円〜

島の歴史を受け継いできた醤油やオリーブ。料理に欠かせない調味料をいかしたホテルオリジナル「オリーブオイルフォンデュ」など小豆島ならではの食事が楽しめる。

120

瀬戸内エリアの多彩な宿

1日2回、引き潮の時だけ現れる「エンジェルロード」

さわやかな潮風と満天の星空を満喫できる露天風呂

全客室で美しい瀬戸内海を望むオーシャンビューを実現している絶景の宿。ほぼすべての部屋から瀬戸内の多島美や四国屋島、恋人の聖地「エンジェルロード」を眺めることができる。エンジェルロードは、カップルで手をつないで渡ると幸せになるといわれる人気スポットで、1日2回の干潮時にのみ、島と島とを結ぶ白い砂浜の道が現れる光景はなんとも神秘的。また、穏やかな波音に耳を傾けながらの湯浴みは、時間と共に移りゆく瀬戸内海の景色を堪能できる至福の時間。瀬戸内・小豆島の海の幸や島の特産品をふんだんに盛り込んだ和食会席も絶品だ。日常から離れ、思い出に残る素敵な休日を。

瀬戸内の自然に包まれて過ごす
日常から離れた贅沢時間

おすすめ！Information

スタンダード
(本館和洋室、エンジェルロードビュー)
1泊2食付き、2名1室1名あたり
15,120円〜

瀬戸内海の「海の幸」と四季の彩り豊かな「山の幸」など厳選された旬の食材をメインに、400年の伝統を持つ小豆島の手延べそうめんや島醤油、オリーブを使った自慢の料理を堪能しよう。

小豆島

小豆島国際ホテル

香川県小豆郡土庄町甲24-67
☎0120-087-962（受付9:00〜21:00）
チェックイン・アウト／15:00・10:00
P／あり（無料）

土庄港より車で約5分、池田港より車で約10分、草壁港より車で約20分、大部港より車で約20分、坂手港より車で約30分、福田港より車で約40分

| ホテル | 旅館 | ペンション | ゲストハウス | 公共の宿 | 民宿・その他 |

瀬戸内エリアの多彩な宿

自然に囲まれた癒しの宿で ゆったりとした"島時間"を

香川県西部、荘内半島の沖合いに浮かぶ小さな島「粟島」は、街の喧騒から離れてスローな時間を楽しめるという理由からリピーターが多い島だ。そんな粟島で旅の拠点にぴったりなのが、この宿。南国リゾート風の洋室を備えた本館のほか、独立型のログキャビンもあり、カップルでも家族連れでも素敵なひとときを過ごすことができる。小鳥のさえずりで目覚める朝、潮風を感じながらの島散策、満天の星を眺める静かな夜…。季節の会席料理やバーベキューなどの食事も旅を彩ってくれる。

おすすめ！Information

洋室ツイン（本館）
1泊2食付き、2名1室1名あたり
8,500円～

四季折々の食材を使った会席料理は、3ヶ月ごとにメニューが変わるので詳しくはスタッフまで問い合わせを。

キャビンのウッドデッキから眺める星空は格別（1棟5名まで宿泊可）

粟島
ル・ポール粟島

香川県三豊市詫間町粟島1418-2
☎0875-84-7878
チェックイン・アウト／16:00・10:00
P／須田港に専用駐車場あり（無料）
船で須田港-粟島港（約15分）
粟島港より徒歩で約5分
http://le-port.jp/

島から眺める夕日の美しさに癒されたい 
幻想的な海ほたるの観賞もできる

宿泊利用OKの施設

瀬戸内海を一望できる 日本最大級の健康ランド

自慢の露天風呂、さぬきうどん風呂などユニークなイベント湯をはじめ県下最大の赤外線サウナ、スイミングバスがあり、計11種のお風呂とサウナに何度でも入ることができる。タオル、アメニティ、館内着付きなので手ぶらで行けるのもうれしい。さらに、24時間お得に宿泊できるお休みスペースも完備しており、宿としての利用も可能。館内にはレストランや焼肉店があるほか、瀬戸内海を眺めながらのバーベキュー（2日前までに要予約）やビアガーデン（夏季限定）も楽しめる。

おすすめ！Information

宿泊プラン 1名あたり **2,160円～**

宿泊予約不要で24時間チェックイン可能。お休みスペースは、レストルームとムービーシアタールームから選べる。
※深夜0時以降のムービーシアタールーム利用は男性のみ

瀬戸の潮風を感じる開放感満点の露天風呂

高松
やしま第一健康ランド

香川県高松市屋島西町2274-5
☎087-841-1126　P／あり（大型車OK）
チェックイン／①0:00まで②0:00以降
チェックアウト／①10:00②12:00
休／年中無休、24時間営業
料／入館料864円～　高松中央ICより車で約15分、高松駅よりことでんバスで約20分
http://www.8411126.jp/

2階展望レストランは深夜2時までの営業
お風呂の後はムービーシアターでリラックス

島旅の宿リスト

小豆島 ビジネスイン三番館
ホテル
- ¥ 素4,320円～ ／1泊2食5,940円～
- 住 香川県小豆郡土庄町甲5978-22
- ☎ 0879-62-0554

小豆島 ビジネスホテルニューポート
ホテル
- ¥ 素3,890円～／1泊2食付5,730円～
- 住 香川県小豆郡土庄町甲5165-237
- ☎ 0879-62-6310

小豆島 ひとみ荘
ホテル
- ¥ 素4,000円～
- 住 香川県小豆郡土庄町甲6190-1
- ☎ 0879-62-0174

小豆島 ベイリゾートホテル小豆島
ホテル
- ¥ 1泊2食8,640円～
- 住 香川県小豆郡小豆島町古江乙16-3
- ☎ 0879-82-5000

小豆島 ホテルグリーンプラザ小豆島
ホテル
- ¥ 1泊2食8,640円～
- 住 香川県小豆郡土庄町伊喜末2464
- ☎ 0879-62-2201

小豆島 リゾートホテルオリビアン小豆島
ホテル
- ¥ 1泊2食12,960円～
- 住 香川県小豆郡土庄町屋形崎甲63-1
- ☎ 0879-65-2311

小豆島 オアシス
民宿
- ¥ 素5,000円～／1泊朝食付5,800円～
- 住 香川県小豆郡土庄町上庄1953-7
- ☎ 0879-62-2495

小豆島 激安民宿マルセ本館
民宿
- ¥ 素2,880円～
- 住 香川県小豆郡土庄町甲5978
- ☎ 0879-62-2385

小豆島 コスモイン有機園
民宿
- ¥ 素2,160円～／1泊2食6,480円～
- 住 香川県小豆郡土庄町長浜甲1446-1
- ☎ 0879-62-4221

小豆島 カントリーイン ザ ホワイトマリーン
ペンション
- ¥ 1泊朝食付9,450円～／1泊2食11,500円～
- 住 香川県小豆郡土庄町甲1466-1
- ☎ 0879-62-5040

小豆島 サザンモースト
ペンション
- ¥ 素4,500円～／1泊2食9,250円～
- 住 香川県小豆郡小豆島町西村甲1958
- ☎ 0879-82-5878

小豆島 バァンキャトル・ウ
ペンション
- ¥ 素5,400円～／1泊朝食付6,480円～
- 住 香川県小豆郡小豆島町西村乙1825-1
- ☎ 0879-82-5540

小豆島 ペンション ホワイトホース
ペンション
- ¥ 素5,000円～／1泊2食8,000円～
- 住 香川県小豆郡小豆島町神懸通甲2246
- ☎ 0879-82-5353

小豆島 ログハウス グランシャリオ
その他
- ¥ 素4,200円～／1泊2食8,180円～
- 住 香川県小豆郡土庄町目島
- ☎ 0879-64-6081

小豆島 ペンションサンセットコースト
ペンション
- ¥ 素4,000円～／1泊2食8,400円～
- 住 香川県小豆郡土庄町小瀬甲3462-1
- ☎ 0879-62-2794

小豆島 湯本小豆島温泉塩の湯 オーキドホテル
ホテル
- ¥ 素6,480円～／1泊2食10,800円～
- 住 香川県小豆郡土庄町甲5165-216
- ☎ 0879-62-5001

小豆島 小豆島国際ホテル
ホテル
- ¥ 1泊2食10,800円～
- 住 香川県小豆郡土庄町甲24-67
- ☎ 0120-087-962

小豆島 小豆島リゾートホテル AQUA
ホテル
- ¥ 素15,600円～（2名1室）
- 住 香川県小豆郡小豆島町吉田276-2
- ☎ 0120-011-525

小豆島 チェレステ小豆島
ホテル
- ¥ 1泊2食18,000円～
- 住 香川県小豆郡土庄島町鹿島甲1462
- ☎ 0879-62-5015

小豆島 小豆島オリーブユースホステル
ゲスト
- ¥ 素3,948円～／1泊2食5,676円～
- 住 香川県小豆郡小豆島町西村甲1072
- ☎ 0879-82-6161

小豆島 国民宿舎小豆島
公共
- ¥ 素4,470円～／1泊2食7,710円～
- 住 香川県小豆郡小豆島町池田1500-4
- ☎ 0879-75-1115

小豆島 やなぎや
公共
- ¥ 素4,800円～／1泊2食7,000円～
- 住 香川県小豆郡土庄町小部甲293-5
- ☎ 0879-67-2221

小豆島 オリベックスうちのみ
その他
- ¥ 素8,640円～（2名1室）
- 住 香川県小豆郡小豆島町西村甲1941-1
- ☎ 0879-82-2200

※料金は1室2名利用を基本にした1名料金の目安です。プラン等により変更あり。税・サ込み。

※2015年3月1日現在の情報です。出発前に必ず最新情報をご確認下さい。

凡例: ホテル／旅館／ペンション／ゲストハウス／公共の宿／民宿・その他

小豆島 旅館 小豆島海浜センターますや ¥ 素4,000円～ / 1泊2食8,000円～ 住 香川県小豆郡小豆島町片城甲44-97 ☎ 0879-82-1133	**小豆島 旅館** ビーチサイドホテル鹿島荘 ¥ 素5,400円～ / 1泊2食6,480円～ 住 香川県小豆郡土庄町甲1656-1 ☎ 0879-62-0492	🏨 ホテル　♨ 旅館　ペンション 🏠 ゲストハウス　公共の宿　民宿・その他
小豆島 旅館 ひろきや旅館 ¥ 素3,000円～ / 1泊2食6,700円～ 住 香川県小豆郡小豆島町安田甲1395 ☎ 0879-82-0137	**小豆島 旅館** ホテルニュー海風 ¥ 素4,320円～ / 1泊2食9,180円～ 住 香川県小豆郡土庄町(鹿島)甲2111-1 ☎ 0879-62-1323	**小豆島 民宿** ビジネス民宿マルセ新館 ¥ 素3,890円～ / 1泊2食5,730円～ 住 香川県小豆郡土庄町甲5165-293 ☎ 0879-62-2385
直島 民宿 田舎家 ¥ 素3,700円～ / 1泊夕食付5,700円 住 香川県香川郡直島町宮ノ浦2310 ☎ 087-892-3092	**小豆島 旅館** 旅館喜久家 ¥ 素5,000円～ / 1泊2食9,000円～ 住 香川県小豆郡土庄町甲5978-16 ☎ 0879-62-0271	**小豆島 旅館** お料理乃宿 千鳥 ¥ 素5,000円～ / 1泊2食9,500円～ 住 香川県小豆郡小豆島町馬木甲863-2 ☎ 0879-82-0229
直島 民宿 民宿石井商店 ¥ 素4,000円～ / 1泊2食6,500円～ 住 香川県香川郡直島町本村845-1 ☎ 087-892-3022	**小豆島 民宿** 海辺の宿 入船 ¥ 素4,320円～ / 1泊2食8,640円～ 住 香川県小豆郡土庄町甲1171-14 ☎ 0879-62-0590	**小豆島 旅館** かつや ¥ 素4,600円～ / 1泊2食7,560円～ 住 香川県小豆郡土庄町小部甲293-4 ☎ 0879-67-2131
直島 民宿 民宿西村屋 ¥ 素4,000円～ 住 香川県香川郡直島町本村746 ☎ 090-5277-8284	**小豆島 民宿** 千種旅館 ¥ 素3,500円 / 1泊2食7,020円～ 住 香川県小豆郡小豆島町福田甲1182-2 ☎ 0879-84-2153	**小豆島 旅館** 島宿真里 ¥ 1泊2食25,530円～ 住 香川県小豆郡小豆島町苗羽甲2011 ☎ 0879-82-0086
直島 ゲスト ドミトリー in 九龍 ¥ 素2,900円 住 香川県香川郡直島町宮ノ浦2247 ☎ 090-7974-2424	**小豆島 民宿** 旅荘 古浜 ¥ 素4,300円 / 1泊2食7,000円 住 香川県小豆郡小豆島町古江甲58-1 ☎ 0879-82-3510	**小豆島 旅館** 小豆島グランドホテル水明 ¥ 素6,480円～ / 1泊2食10,800円～ 住 香川県小豆郡土庄町甲1171-6 ☎ 0879-62-1177
直島 民宿 やどSEVEN BEACH ¥ 素3,600円～ / 1泊2食6,700円～ 住 香川県香川郡直島町宮ノ浦2310-19 ☎ 090-7979-3025	**小豆島 民宿** みさき ¥ 1泊2食10,800円～ 住 香川県小豆郡小豆島町古江甲156-13 ☎ 0879-82-1332	**小豆島 旅館** 小豆島シーサイドホテル松風 ¥ 素4,800円～ / 1泊2食8,400円～ 住 香川県小豆郡土庄町甲1481-1 ☎ 0879-62-0848
直島 その他 Episode1 ¥ 素4,150円～ 住 香川県香川郡直島町4780-13 ☎ 090-9556-1058	**小豆島 民宿** 漁師料理の宿 民宿岡本屋 ¥ 1泊2食8,800円～ 住 香川県小豆郡土庄町甲2846-1 ☎ 0879-62-1880	**小豆島 旅館** 大師の宿 岡田長栄堂 ¥ 素4,320円～ / 1泊2食5,940円～ 住 香川県小豆郡土庄町桟橋通り ☎ 0879-62-0554
直島 その他 ギャラリーインくらや ¥ 素4,000円～ / 1泊朝食付4,500円～ 住 香川県香川郡直島町本村875 ☎ 087-892-2253	**小豆島 旅館** 静海荘 ¥ 素3,500円 / 1泊朝食付5,000円 住 香川県小豆郡小豆島町坂手甲1835-5 ☎ 0879-82-1215	**小豆島 旅館** 天空ホテル海廬 ¥ 素6,000円～ / 1泊2食10,000円～ 住 香川県小豆郡土庄町銀波浦 ☎ 0879-62-1430

豊島 Tea オリーブ
- ¥ 素4,000円/1泊2食7,500円〜
- 住 香川県小豆郡土庄町豊島唐櫃9-4
- ☎ 0879-68-2093

女木島 民宿龍宮
- ¥ 素3,780円〜 / 1泊2食8,100円〜
- 住 香川県高松市女木町453
- ☎ 087-873-0205

男木島 お食事処 円（まどか）
- ¥ 1泊2食6,000円
- 住 香川県高松市男木町1925-2
- ☎ 087-873-0703

男木島 漁師yado民宿さくら
- ¥ 1泊朝食付4,320円〜/1泊2食6,480円〜
- 住 香川県高松市男木町1番地
- ☎ 090-7625-3159

犬島 岡山市立犬島自然の家
- ¥ 和室利用1,440円　洋室利用2,050円
- 住 岡山県岡山市東区犬島119-1
- ☎ 086-947-9001

岩黒島 民宿岩黒
- ¥ 1泊2食10,800円〜
- 住 香川県坂出市岩黒79-2
- ☎ 0877-43-0425

岩黒島 民宿岩本
- ¥ 1泊2食8,000円〜
- 住 香川県坂出市岩黒178-3
- ☎ 0877-43-0323

岩黒島 民宿みはらし
- ¥ 1泊2食8,640円〜
- 住 香川県坂出市岩黒215-1
- ☎ 0877-43-0356

本島 民宿海ほたる
- ¥ 1泊2食9,000円〜
- 住 香川県丸亀市本島町笠島1076-1
- ☎ 0877-27-3557

直島 民宿おかだ
- ¥ 素4,000円〜 / 1泊2食7,000円〜
- 住 香川県香川郡直島町積浦199-1
- ☎ 087-892-3406、080-1942-1119

直島 民宿おやじの海
- ¥ 素4,000円〜 / 1泊朝食付4,500円〜
- 住 香川県香川郡直島町本村774
- ☎ 090-5261-7670

直島 民宿波へい
- ¥ 素3,500円
- 住 香川県香川郡直島町積浦39-10
- ☎ 090-1006-8237

直島 民宿よこんぼ
- ¥ 素4,000円〜
- 住 香川県香川郡直島町3756
- ☎ 090-1573-7735

直島 宿家 美乃
- ¥ 素3,200円〜
- 住 香川県香川郡直島町本村827
- ☎ 090-5141-5163

直島 そよ風
- ¥ 素3,700円〜 / 1泊2食5,700円〜
- 住 香川県香川郡直島町宮ノ浦
- ☎ 080-2937-6831

直島 マローラおばさんの家
- ¥ 素15,500円（1棟）
- 住 香川県香川郡直島町宮ノ浦2310-82
- ☎ 090-7979-3025

直島 La・Curacion
- ¥ 素4,350円〜
- 住 香川県香川郡直島町4780-10
- ☎ 090-9556-1058

豊島 アモーレテシマリゾート
- ¥ 1泊2食8,400円〜
- 住 香川県小豆郡土庄町豊島神子ヶ浜3375
- ☎ 0879-68-3331

凡例
- ホテル
- 旅館
- ペンション
- ゲストハウス
- 公共の宿
- 民宿・その他

直島 コテージOHANA
- ¥ 素16,000円〜（1棟）
- 住 香川県香川郡直島町297
- ☎ 090-3375-5169

直島 ベネッセハウス
- ¥ 1泊1室32,076円〜
- 住 香川県香川郡直島町琴弾地
- ☎ 087-892-3223

直島 みなとや旅館
- ¥ 素4,320円〜 / 1泊2食7,560円〜
- 住 香川県香川郡直島町宮ノ浦2211-1
- ☎ 087-892-3044

直島 HANARE
- ¥ 素4,000円〜
- 住 香川県香川郡直島町4780-15
- ☎ 090-3174-0087

直島 黄櫨染
- ¥ 1泊2食6,800円〜
- 住 香川県香川郡直島町宮ノ浦2310-147
- ☎ 087-892-3496

直島 直島ふるさと海の家つつじ荘
- ¥ 素2,880円〜 / 1泊2食5,480円
- 住 香川県香川郡直島町352-1
- ☎ 087-892-2838

直島 民宿SEASON
- ¥ 素3,500円〜
- 住 香川県香川郡直島町積浦84
- ☎ 080-1998-1235

直島 民宿おうぎや
- ¥ 素4,100円〜 / 1泊2食7,000円〜
- 住 香川県香川郡直島町積浦518-14
- ☎ 090-3189-0471

島	宿名	料金	住所	電話
白石島	お多福旅館（旅館）	1泊2食 9,720円〜	岡山県笠岡市白石島 357	0865-68-3501
白石島	中西屋旅館（旅館）	1泊朝食付 5,400円〜	岡山県笠岡市白石島 260	0865-68-3553
白石島	民宿はらだ（民宿）	1泊2食 9,000円〜	岡山県笠岡市白石島 457-2	0865-68-3044
白石島	民宿さんちゃん（民宿）	素 3,000円、1泊2食 6,000円〜	岡山県笠岡市白石島 457-1	0865-68-3169
北木島	天野屋旅館（旅館）	1泊2食 9,000円〜	岡山県笠岡市北木島町 3944	0865-68-2019
高島	ペンション正栄（ペンション）	1泊2食 10,800円〜	岡山県笠岡市高島 5177-3	0865-67-2291
高島	民宿はまべ（民宿）	1泊2食 7,560円〜	岡山県笠岡市高島 4720-3	0865-67-2778
高島	カーサタケダ（民宿）	1泊2食 9,720円〜	岡山県笠岡市高島 5208	0865-67-6188
鹿久居島	古代体験の郷まほろば（その他）	1泊2食 5,100円〜	岡山県備前市日生町日生鹿久居島	0869-72-1000
粟島	ル・ポール粟島（ホテル）	1泊2食 8,500円〜	香川県三豊市詫間町粟島 1418-2	0875-84-7878
粟島	粟島太郎（民宿）	1泊2食 8,800円	香川県三豊市詫間町粟島 1090	0875-84-7285
粟島	粟島の家粟島ロッジ（民宿）	素 3,700円〜／1泊2食 6,000円〜	香川県三豊市詫間町粟島 642-6	0875-84-7387
粟島	民宿ぎんなん（民宿）	1泊2食 7,000円〜	香川県三豊市詫間町粟島 2217	0875-84-6448
伊吹島	民宿いぶき（民宿）	1泊2食 8,500円〜	香川県観音寺市伊吹町 1233-1	0875-29-2162
伊吹島	春日旅館（旅館）	1泊2食 8,000円〜	香川県観音寺市伊吹町 5-2	0875-29-2416
真鍋島	漁師小屋漁火（りょうか）（民宿）	自炊プラン1泊 5,000円〜／夕宿・宿泊 1泊 10,000円	岡山県笠岡市真鍋島 4476-4	0865-68-3519
真鍋島	島宿三虎（民宿）	1泊2食 10,800円〜	岡山県笠岡市真鍋島 2224	0865-68-3515
白石島	白石島国際交流ヴィラ（その他）	1泊 3,500円〜	岡山県笠岡市白石島 317	0865-68-2095
本島	民宿花壇（民宿）	1泊2食 8,000円〜（2名〜）	香川県丸亀市本島町泊 649	0877-27-3654
本島	民宿塩飽家（民宿）	1泊2食 6,500円〜	香川県丸亀市本島町泊 523	0877-27-3877
本島	やかた船（民宿）	1泊2食 8,500円〜	香川県丸亀市本島町笠島 302	0877-27-3578
本島	大倉邸（ゲスト）	素 4,000円〜（2名〜）	香川県丸亀市本島町笠島 256	0877-27-3828
牛島	アイランドガール（ゲスト）	素 3,000円（4名〜）	香川県丸亀市牛島小浦	0877-27-3818
広島	香川旅館（ゲスト）	素 4,000円〜	香川県丸亀市広島町江の浦 310-9	0877-29-2035
手島	手島自然教育センター（その他）	素 1,000円〜	香川県丸亀市手島町 1273	0877-29-2030（広島市民センター）※平日のみ
高見島	民宿森田（民宿）	1泊3食 8,000円〜	香川県仲多度郡多度津町高見 1698	0877-34-3236

凡例：ホテル／旅館／ペンション／ゲストハウス／公共の宿／民宿・その他

前島 民宿おふくろの家	頭島 よしのや	ホテル 旅館 ペンション
民宿 ¥ 1泊2食 9,072円～ 住 岡山県瀬戸内市牛窓町牛窓6051 ☎ 0869-34-2190	民宿 ¥ 1泊2食 9,720円～ 住 岡山県備前市日生町日生頭島2716 ☎ 0869-72-1671	ゲストハウス 公共の宿 民宿・その他

前島 民宿南風荘	大多府島 ふれあいの館 かぜまち	鹿久居島 ペンションみかんの郷
民宿 ¥ 1泊2食 9,000円～ 住 岡山県瀬戸内市牛窓町牛窓6090-1 ☎ 0869-34-3381	その他 ¥ 素 3,500円 住 岡山県備前市日生町大多府133-1 ☎ 0869-72-3832	ペンション ¥ 1泊2食 9,000円～ 住 岡山県備前市日生町日生鹿久居島3638-100 ☎ 0869-72-1827

前島 民宿ふる里	鴻島 大津屋	頭島 ペンション おやじの海
民宿 ¥ 1泊2食 9,040円～ 住 岡山県瀬戸内市牛窓町牛窓5523 ☎ 0869-34-2746	民宿 ¥ 1泊2食 11,000円～ 住 岡山県備前市日生町日生鴻島2666-108 ☎ 0869-74-0146	ペンション ¥ 1泊2食 9,000円～ 住 岡山県備前市日生町日生頭島302-1 ☎ 0869-72-1728

前島 龍宮本城	鴻島 たこつぼ	頭島 満潮荘
旅館 ¥ 1泊2食 11,880円～ 住 岡山県瀬戸内市牛窓町牛窓6352-15 ☎ 0869-34-4411	民宿 ¥ 1泊2食 10,800円～（2名～） 住 岡山県備前市日生町日生鴻島2696-2 ☎ 0869-72-1731	民宿 ¥ 1泊2食 8,640円～ 住 岡山県備前市日生町日生頭島2861-1 ☎ 0869-72-1835

前島 唐琴荘	鴻島 瀬戸の花嫁	頭島 民宿 ひろえ
旅館 ¥ 1泊2食 10,800円～ 住 岡山県瀬戸内市牛窓町牛窓5782-2 ☎ 0869-34-2191	その他 ¥ 素 12,960円（～6名） 住 岡山県備前市日生町日生2679-468 ☎ 0869-72-3757	民宿 ¥ 1泊2食 7,560円～ 住 岡山県備前市日生町日生頭島2841-1 ☎ 0869-72-1755

前島 牛窓研修センター カリヨンハウス	前島 ペンション アラパパ	頭島 森民宿
その他 ¥ 素 4,500円～／1泊2食 6,800円～（10名～） 住 岡山県瀬戸内市牛窓町牛窓6356-57 ☎ 0869-34-5808	ペンション ¥ 1泊2食 9,500円～ 住 岡山県瀬戸内市牛窓町牛窓5700-1 ☎ 0869-34-2112	民宿 ¥ 1泊2食 7,569円～ 住 岡山県備前市日生町日生頭島3317 ☎ 0869-72-3153

島以外の宿

児島 せとうち児島ホテル	高松 高松東急REIホテル（旧 高松東急イン）
ホテル ¥ 「せとうち四季プラン」1泊2食 12,700円～ 住 岡山県倉敷市下津井吹上303-53 ☎ 086-473-7711	ホテル ¥ 素 4,700円～ 住 香川県高松市兵庫町9-9 ☎ 087-821-0109

高松 ダイワロイネットホテル高松	高松 やしま第一健康ランド
ホテル ¥ リーズナブルプラン 素 4,600円～ 住 香川県高松市丸亀町8-23 丸亀町GREEN8F ☎ 087-811-7855	その他 ¥ 宿泊プラン 2,160円～ 住 香川県高松市屋島西町2274-5 ☎ 087-841-1126

時刻表

島巡りに欠かせない船の時刻表です。
ただし、時刻表は頻繁に変更になる航路がございます。
必ず事前に最新の情報をご確認ください。
- 2015年3月5日現在の時刻表です。
- 天候により欠航する場合がございます。
- 旅客船・高速艇には、車両の積み込みはできません。
- 車両運賃は各フェリー会社にお問い合わせ下さい。
- 所要時間は、最短表記ですのでご注意下さい。

豊島方面

⑤高松-直島（本村）－豊島（家浦）

■3月～11月

月曜のダイヤ

高松発	本村着・発	家浦着	家浦発	本村着・発	高松着
7:41	→	8:16	7:00	→	7:35
9:02	→	9:37	8:20	→	8:55
10:45	11:15	11:35	9:40	→	10:15
16:31	→	17:06	15:10	→	15:45
18:05	→	18:40	17:20	→	17:55

火曜のダイヤ

高松発	本村着・発	家浦着	家浦発	本村着・発	高松着
7:41	→	8:16	7:00	→	7:35
13:05	→	13:40	12:00	→	12:35
18:05	→	18:40	17:20	→	17:55

水・木・金のダイヤ

高松発	本村着・発	家浦着	家浦発	本村着・発	高松着
7:41	→	8:16	7:00	→	7:35
9:02	→	9:37	8:20	→	8:55
10:45	11:15	11:35	9:40	→	10:15
18:05	→	18:40	17:20	→	17:55

土・日・祝のダイヤ

高松発	本村着・発	家浦着	家浦発	本村着・発	高松着
7:41	→	8:16	7:00	→	7:35
9:07	9:37	9:37	8:20	→	8:55
10:45	11:15	11:35	10:04	→	10:39
16:31	→	17:06	15:10	15:30	16:00
18:05	→	18:40	17:20	→	17:55

■12月～2月

月・火・水・木のダイヤ

高松発	本村着・発	家浦着	家浦発	本村着・発	高松着
7:41	→	8:16	7:00	→	7:35
13:05	→	13:40	12:00	→	12:35
18:05	→	18:40	17:20	→	17:55

※必要に応じて臨時便を運行

金・土・日・祝のダイヤ

高松発	本村着・発	家浦着	家浦発	本村着・発	高松着
7:41	→	8:16	7:00	→	7:35
9:30	10:00	10:20	8:20	→	8:55
16:31	→	17:06	15:10	15:30	16:00
18:05	→	18:40	17:20	→	17:55

※必要に応じて臨時便を運行

豊島フェリー／☎087-851-4491
旅客運賃／高松-豊島1330円、高松-直島1220円、直島-豊島620円
所要時間／高松-豊島35分、高松-直島30分、直島-豊島20分 ※2015年3月現在のダイヤ

直島方面

①高松－直島（宮浦）

高松発	宮浦着	宮浦発	高松着
8:12	9:02	7:00	8:00
9:15	9:40 高速艇※注	8:40	9:05 高速艇※注
10:14	11:04	9:07	10:07
10:55	11:20 高速艇※注	10:25	10:50 高速艇※注
12:40	13:30	11:30	12:30
15:40	16:30	14:20	15:20
17:05	17:30 高速艇※注	16:30	16:55 高速艇※注
18:05	18:55	17:00	18:00
19:50	20:15 高速艇	19:15	19:40 高速艇

四国汽船 ☎087-821-5100
旅客運賃／フェリー520円・高速艇1220円
所要時間／60分（高速艇25分）
※注 3月1日～11月30日の金・土・日・祝のみ運航

②宇野－直島（宮浦）

宇野発	宮浦着	宮浦発	宇野着
6:10	6:30	6:00	6:20
6:30	6:50	6:40	7:00
7:20	7:40	7:50	8:10
8:22	8:42	8:52	9:12
9:22	9:42	9:52	10:12
10:00	10:15 旅客船※注	10:25	10:40 旅客船※注
11:00	11:20	11:10	11:30
12:15	12:35	12:45	13:05
13:30	13:45 旅客船	13:55	14:10 旅客船
14:25	14:45	14:55	15:15
15:30	15:50	16:02	16:22
16:30	16:50	17:00	17:20
17:10	17:30	17:40	18:00
18:53	19:13	19:02	19:22
20:25	20:45	20:25	20:45
22:30	22:45 旅客船	21:15	21:30 旅客船
0:35	0:50 深夜便	0:15	0:30 深夜便

四国汽船 ☎087-821-5100
旅客運賃／フェリー・旅客船とも290円・深夜便580円
所要時間／20分（旅客船15分）
※注 3月1日～11月30日の金・土・日・祝は運休

③宇野-直島（本村）※旅客船

宇野発	本村着	本村発	宇野着
7:25	7:45	6:45	7:05
11:55	12:15	7:55	8:15
16:50	17:10	13:00	13:20
17:45	18:05	17:20	17:40
18:35	18:55	18:10	18:30

四国汽船 ☎087-821-5100
旅客運賃／旅客船290円 所要時間／20分

④直島（宮浦）－豊島（家浦）－犬島 ※高速艇

宮浦発	家浦着	家浦発	犬島着
9:20	9:42	9:50	10:15
11:55	12:17	12:25	12:50
14:35	→	→	15:12

犬島発	家浦着	家浦発	宮浦着
10:25	→	→	11:02
13:00	13:25	13:35	13:57
15:20	15:45	15:55	16:17

四国汽船 ☎087-821-5100
旅客運賃／直島-豊島620円、豊島-犬島1230円、直島-犬島1850円
所要時間／直島-豊島22分、豊島-犬島25分、直島-犬島37～57分

※注 3月1日～11月30日は月・水・木・金・土・日・祝の運航、12月1日～2月末日は金・土・日・祝の運航。
豊島美術館・犬島精錬所美術館が休館日の場合は運休

与島、岩黒島、櫃石島方面　バス

JR坂出駅前－与島－岩黒島－櫃石島－JR児島駅前

*坂出駅前	*与島	瀬戸大橋FW	岩黒島	櫃石島	児島駅前
6:45	7:00	7:19	7:22	7:25	7:45
7:45	8:01	8:30	8:37	8:40	9:05
9:10	9:26	9:55	10:02	10:05	10:30
12:20	12:36	13:05	13:12	13:15	13:40
14:55	15:11	15:40	15:47	15:50	16:15
16:40	16:56	17:25	17:32	17:35	18:00
18:00	18:16	18:21	18:38	18:42	－

※土・日・祝運休

児島駅前	櫃石島	岩黒島	与島	*瀬戸大橋FW	*坂出駅前
6:40	6:58	7:01	7:04	7:23	7:44
7:50	8:13	8:16	8:19	8:26	8:48
9:15	9:38	9:41	9:44	9:51	10:13
12:20	12:43	12:46	12:49	13:01	13:23
14:55	15:18	15:21	15:24	15:36	15:58
16:45	17:08	17:11	17:14	17:21	17:44
－	18:58	19:01	19:05	19:18	19:39

※土・日・祝運休

※瀬戸大橋FWで琴参バス又は下電バスに乗り換え

琴参バス／☎0877-22-9191（★）
下電バス／☎086-472-2811
運賃／JR坂出駅-与島520円、JR坂出駅-岩黒島540円、JR坂出駅-櫃石島590円、与島-岩黒島160円、与島-櫃石島260円、岩黒島-櫃石島160円、JR児島駅-櫃石島300円、JR児島駅-岩黒島330円、JR児島駅-与島400円
所要時間／JR坂出駅-与島16分、JR坂出駅-岩黒島28分、JR坂出駅-櫃石島31分、与島-岩黒島3分、与島-櫃石島6分、岩黒島-櫃石島3分、JR児島駅-櫃石島23分、JR児島駅-岩黒島26分、JR児島駅-与島29分

※所要時間に乗り換えの待ち時間は含まれていません

⑩ 高松-小豆島（草壁）

高松発	草壁着		草壁発	高松着	
7:50	8:35	高速艇	7:00	7:45	高速艇
9:30	10:30		7:50	8:50	
10:30	11:15	高速艇	9:00	9:45	高速艇
12:15	13:15		10:50	11:50	
13:50	14:35	高速艇	12:50	13:35	高速艇
14:48	15:48		13:30	14:30	
15:50	16:35	高速艇	14:45	15:30	高速艇
17:43	18:43		16:15	17:15	
18:50	19:35	高速艇	17:45	18:30	高速艇
20:30	21:30		19:00	20:00	

内海フェリー／☎0879-82-1080
旅客運賃／690円・高速艇1170円
所要時間／約60分（高速艇45分）

⑪ 神戸（神戸港）-小豆島（坂手）

※通常ダイヤ

神戸港発	坂手着	坂手発	神戸港着
1:00(※)	7:30	7:30	10:55
6:00	9:30	15:45	19:00
14:00	17:15	20:45	24:00

※特別ダイヤ
（平成27年3/21～12月の土・日・祝、お盆（8/12～14））

神戸港発	坂手着	坂手発	神戸港着
0:45(※)	7:15	7:15	10:30
8:00	11:10	15:45	19:00
11:15	14:25	17:45	20:55
19:45	22:55	22:55(※)	5:15

※0:45神戸発、22:55坂手発のみ「高松」経由となります。
小豆島ジャンボフェリー／☎087-811-6688
旅客運賃／1990円　所要時間／約3時間

⑫ 姫路-小豆島（福田）

姫路発	福田着	福田発	姫路着
7:15	8:55	7:50	9:30
9:45	11:25	9:20	11:00
11:15	12:55	11:40	13:20
13:35	15:15	13:15	14:55
15:10	16:50	15:30	17:10
17:25	19:05	17:15	18:55
19:30	21:10	19:30	21:10

小豆島フェリー／☎0879-84-2220
旅客運賃／1520円
所要時間／約1時間40分

⑬ 新岡山港-小豆島（土庄）

新岡山港発	土庄着	土庄発	新岡山港着
6:20	7:30	7:00	8:10
7:20	8:30	8:00	9:10
8:30	9:40	8:45	9:55
9:30	10:40	9:50	11:00
10:30	11:40	11:00	12:10
11:20	12:30	12:10	13:10
13:00	14:10	13:00	14:10
13:55	15:05	14:30	15:40
15:00	16:10	15:30	16:40
16:00	17:10	16:30	17:40
16:50	18:00	17:30	18:40
18:05	19:15	18:10	19:20
19:30	20:40	19:25	20:35

両備フェリー／☎086-274-1222
旅客運賃／1050円
所要時間／70分

小豆島方面

⑧ 高松-小豆島（土庄）

高松発	土庄着	土庄発	高松着
6:25	7:25	6:36	7:36
7:20	8:20	7:35	8:37
8:02	9:02	8:35	9:35
9:00	10:00	9:25	10:25
9:55	10:55	10:20	11:25
10:40	11:45	11:20	12:25
11:35	12:42	12:20	13:25
12:35	13:35	13:53	14:53
13:40	14:40	14:45	15:50
15:10	16:15	15:45	16:55
16:00	17:00	16:30	17:35
17:20	18:25	17:30	18:35
17:50	18:55	18:40	19:45
18:45	19:45	19:30	20:35
20:20	21:20	20:10	21:20

小豆島フェリー／☎087-822-4383（フェリー）
旅客運賃／690円
所要時間／約60～70分

⑧ 高松-小豆島（土庄）※高速艇

高松発	土庄着	土庄発	高松着
7:40	8:10	7:00	7:30
8:20	8:55	7:30	8:05
9:10	9:40	8:20	8:50
10:00	10:35	9:10	9:45
10:40	11:10	10:00	10:30
11:20	11:55	10:40	11:15
13:00	13:30	11:20	11:50
14:20	14:15	13:00	13:35
14:20	14:50	13:40	14:10
15:10	15:45	14:20	14:55
15:50	16:20	15:10	15:40
16:30	17:05	15:50	16:25
17:10	17:40	16:30	17:00
17:50	18:25	17:10	17:45
18:45	19:15	17:50	18:30
21:30	22:00	20:50	21:20
夜間便／夜間便

小豆島フェリー／☎087-821-9436（高速艇）
旅客運賃／1170円（夜間便1550円）
所要時間／約30～35分

⑨ 高松-小豆島（池田）

高松発	池田着	池田発	高松着
6:50	7:50	5:30	6:30
8:32	9:32	7:15	8:10
11:10	12:10	9:50	10:50
13:10	14:10	11:50	12:50
14:10	15:10	13:00	14:00
16:47	17:47	15:30	16:30
18:15	19:15	17:10	18:10
19:30	20:30	18:00	19:00

国際フェリー／☎0879-75-0405
旅客運賃／690円　所要時間／60分

⑥ 宇野-豊島（家浦）-豊島（唐櫃）-小豆島（土庄）

宇野発	家浦着・発	唐櫃着・発	土庄着	
	6:45	6:55	7:15	旅客船
6:45	7:25	7:45	8:14	フェリー
8:40	9:05	9:20	9:40	旅客船
※11:10	11:50	12:10	12:39	フェリー
11:35	12:00			旅客船
13:25	13:50	14:05	14:25	旅客船
15:25	16:05	16:25	16:54	フェリー
17:30	17:55	18:10	18:30	旅客船
19:30	20:10			フェリー

土庄発	唐櫃着・発	家浦着・発	宇野着	
		6:00	6:40	フェリー
7:20	7:40	7:55	8:20	旅客船
8:40	9:10	9:30	10:09	フェリー
10:30	10:50	11:05	11:30	旅客船
		12:30	12:55	旅客船
13:10	13:40	※14:00	14:39	フェリー
15:50	16:10	16:25	16:50	旅客船
17:50	18:20	18:40	19:19	フェリー
19:25	19:45	20:00		旅客船

小豆島豊島フェリー／☎0879-62-1348
旅客運賃／土庄-宇野1200円、宇野-唐櫃1000円、
宇野-家浦750円、家浦-土庄750円、唐櫃-土庄470円、
家浦-唐櫃280円
所要時間／土庄-宇野80～90分、宇野-唐櫃60分、
宇野-家浦40分、家浦-土庄50分、唐櫃-土庄30分、
家浦-唐櫃20分
※は危険物車両指定便（毎月第1火曜）ですので、お客様は乗船できません。

女木・男木方面

⑦ 高松-女木島-男木島

高松発	女木島着・発	男木島着	
8:00	8:20	8:40	
9:10	9:30		※夏
10:00	10:20	10:40	
11:10	11:30		※夏
12:00	12:20	12:40	
13:10	13:30		※夏
14:00	14:20	14:40	
15:10	15:30		※夏
16:00	16:20	16:40	
17:10	17:30		※夏
18:10	18:30	18:50	
18:40	19:00		※夏

男木島発	女木島着・発	高松着	
7:00	7:20	7:40	
	8:10	8:30	※夏
9:00	9:20	9:40	
	10:10	10:30	※夏
11:00	11:20	11:40	
	12:10	12:30	※夏
13:00	13:20	13:40	
	14:10	14:30	※夏
15:00	15:20	15:40	
	16:10	16:30	※夏
17:00	17:20	17:40	
	18:10	18:30	※夏

雌雄島海運／☎087-821-7912
旅客運賃／高松-女木島370円、高松-男木島510円、
　　　　　女木島-男木島240円
所要時間／高松-女木島20分、高松-男木島40分、
　　　　　女木島-男木島20分
※夏 8月1日～8月20日のみ運航

高見島・佐柳島方面
⑪多度津-高見島-佐柳島（本浦）-佐柳島（長崎）

多度津発	高見島着・発	本浦着・発	長崎着
6:55	7:20	→	7:50
9:05	9:30	9:55	
14:00	14:25	14:50	15:05
16:20	16:45	17:10	

長崎発	本浦着・発	高見島着・発	多度津着
7:50	8:05	8:30	8:55
	10:00	10:25	10:50
15:05	15:25	15:50	16:15
	17:10	17:35	18:00

三洋汽船／☎0877-32-2528（多度津営業所）
旅客運賃／多度津-高見島490円、多度津-本浦680円、多度津-長崎780円、高見島-本浦360円、高見島-長崎460円、本浦-長崎100円
所要時間／多度津-高見島25分、多度津-本浦50分、多度津-長崎55〜70分、高見島-本浦25分、高見島-長崎30〜45分、本浦-長崎15〜20分

粟島・志々島方面
⑳詫間町（須田）-粟島-粟島（上新田）-志々島-詫間町（宮の下）

須田発	粟島着	粟島発	上新田着・発	志々島着・発	宮の下着
6:20	6:35	6:55	7:10	7:25	7:45
7:25	7:40				
9:05	9:20				
10:45	11:00	11:15	11:30	11:50	
12:35	12:50				
15:05	15:20	15:35	15:35	15:50	16:10
18:00	18:15				
19:05	19:20				

宮の下発	志々島着・発	上新田着・発	粟島着	粟島発	須田着
				6:45	7:00
				7:50	8:05
8:30	8:50	9:05	9:20	9:30	9:45
			11:15	11:30	
12:45	13:05	13:20	13:35	14:30	14:45
16:05	16:35	16:50	17:05	17:05	17:20
				18:25	18:40
				19:30	19:45

粟島汽船／☎0875-83-3204
旅客運賃／須田-粟島330円、須田-上新田430円、須田-志々島620円、宮の下-粟島690円、宮の下-上新田500円、宮の下-志々島340円、粟島-上新田160円、粟島-志々島340円、上新田-志々島160円
所要時間／須田-粟島15分、須田-上新田30分、須田-志々島45分、宮の下-粟島50分、宮の下-上新田35分、宮の下-志々島20分、粟島-上新田15分、粟島-志々島30分、上新田-志々島15分
※車両の乗り入れは要予約（須田-粟島間）

宇野方面
⑫高松-宇野

高松発	宇野着	宇野発	高松着
7:00	8:05	7:00	8:05
8:15	9:20	8:15	9:20
9:30	10:35	9:30	10:35
10:45	11:50	10:45	11:50
12:00	13:05	12:00	13:05
15:00	16:05	15:00	16:05
17:40	18:45	17:40	18:45
18:55	20:00	18:55	20:00
20:10	21:15	20:10	21:15

四国急行フェリー／☎087-851-0131
旅客運賃／690円
所要時間／65分

本島・牛島方面
⑬丸亀-牛島-本島

丸亀発	牛島着・発	本島着	
6:10	→	6:45	
7:40	→	8:15	
10:40	→	11:15	
12:10	12:25	12:30	旅客船
15:30	→	16:05	
16:30	→	16:50	旅客船
18:15	→	18:35	旅客船
20:00	→	20:20	旅客船

本島発	牛島着・発	丸亀着	
6:50	→	7:20	
8:30	8:36	8:50	旅客船
9:40	→	10:10	
12:35	→	13:05	
14:15	14:21	14:35	旅客船
17:10	→	17:40	
18:00	→	18:10	旅客船
19:30	→	19:50	旅客船

本島発	牛島着・発	本島着	
16:52	16:58	17:03	旅客船

本島汽船／☎0877-22-2782
旅客運賃／丸亀-本島550円、丸亀-牛島480円、本島-牛島250円
所要時間／丸亀-本島35分（20分）、丸亀-牛島（15分）、本島-牛島（5分）※（ ）内は旅客船

岡山（日生）-小豆島（大部）
⑭岡山（日生）-小豆島（大部）

日生発	大部着	大部発	日生着
7:30	8:30	8:40	9:40
10:05	11:10	11:20	12:25
12:35	13:45	14:25	15:30
15:40	16:50	17:10	18:20
18:30	19:30	19:40	20:40

瀬戸内観光汽船／☎0869-72-0698
旅客運賃／1030円
所要時間／60〜70分

犬島方面
⑮岡山（宝伝）-犬島

宝伝港発	犬島着	犬島発	宝伝港着
6:25	6:35	6:40	6:50
8:00	8:10	8:20	8:30
11:00	11:10	11:15	11:25
13:00	13:10	13:20	13:30
13:45	13:55	14:00	14:10
15:15	15:25※1	15:35	15:45 ※1
17:00	17:10	17:15	17:25
18:30	18:40※2	18:45	18:55 ※2

あけぼの丸／☎086-947-0912
旅客運賃／300円
所要時間／10分
※1 美術施設閉館日は運休
※2 日曜運休
車両・二輪車等の乗り入れ不可。
ペットの乗船は不可（ケージがある場合は可）。

大島方面
⑯高松-大島

高松発	大島着	大島発	高松着
9:10	9:35	8:30	8:55
11:00	11:25	10:30	10:55
13:55	14:20	13:25	13:50
16:45	17:10	16:15	16:40

国立療養所大島青松園／☎087-871-3131
所要時間／20〜25分
※施設見学等、事前に了承を得ている場合に乗船可能。詳しくは大島青松園へ。
※旅客運賃：無料
※到着時刻は変更になる場合があります。
※車両の乗り入れ不可

130

笠岡諸島方面

㉔ 岡山(笠岡諸島旅客船乗り場・笠岡住吉港)-真鍋島(本浦)
※高速船　※4月に変更予定あり

笠岡発	白石島着・発	北木島着・発	真鍋島着
7:25	7:47	8:01	8:09
9:10	9:32	9:46	9:54
12:30	12:52	13:06	13:14
16:30	16:52	17:06	17:14

真鍋島発	北木島着・発	白石島着・発	笠岡着
8:15	8:23	8:37	8:59
11:30	11:38	11:52	12:14
13:30	13:38	13:42	14:02
17:20	17:28	17:42	18:04

三洋汽船／☎0865-62-2866(住吉営業所)
旅客運賃／笠岡-真鍋島1710円、笠岡-北木島1370円、笠岡-白石島1130円、白石島-真鍋島1070円、白石島-北木島610円、北木島-真鍋島480円
所要時間／笠岡-真鍋島44分、笠岡-北木島36分、笠岡-白石島22分、白石島-真鍋島22分、白石島-北木島14分、北木島-真鍋島8分

㉕ 岡山(笠岡伏越港)-白石島-北木島(豊浦・金風呂) ※フェリー

笠岡発	白石島着・発	豊浦着・発	金風呂着
7:15	→	8:05	8:12
9:25	10:08	10:28	10:35
12:30	→	13:20	13:27
15:25	16:10	16:32	16:39
18:30	→	→	19:20

金風呂着	豊浦着・発	白石島着・発	笠岡着
6:20	→	→	7:08
8:15	→	8:39	9:19
10:38	→	11:01	11:41
14:00	14:11	14:32	15:12
17:25	17:35	→	18:23

瀬戸内クルージング／☎0865-62-2856
旅客運賃／笠岡-白石島・豊浦・金風呂520円、白石島-豊浦・金風呂240円
所要時間／笠岡-白石島約35分、笠岡-豊浦約60分(50分)、笠岡-金風呂約70分(60分)、白石島-豊浦17分、白石島-金風呂27分、豊浦-金風呂約7分

㉖ 岡山(笠岡伏越港)-北木島(豊浦・金風呂) ※フェリー

笠岡発	豊浦発	金風呂発
6:10	6:55	7:05
8:05	9:00	9:10
10:00	13:00	13:00
14:00	15:15	15:00 ※
16:00	17:05	16:55 ※

大福丸／☎0865-63-0216
旅客運賃／笠岡-豊浦・金風呂520円
所要時間／笠岡-豊浦約50分、笠岡-金風呂約60分、豊浦-金風呂約10分
※金風呂と豊浦の出発時刻が入れ替わるので注意

㉗ 岡山(笠岡伏越港)-白石島 ※フェリー　※変更予定あり

笠岡発	白石島着	白石島発	笠岡着
9:00	9:45	7:55	8:40
11:00	11:45	10:00	10:45
14:40	15:25	13:35	14:20
17:00	17:45	16:00	16:45

三洋汽船／☎0865-62-2866(住吉営業所)
旅客運賃／笠岡-白石島530円　所要時間／笠岡-白石島約45分

㉘ 岡山(真鍋島岩坪)-佐柳島本浦 ※旅客船 ※4月に変更予定あり

真鍋島岩坪発	佐柳島本浦着
14:30	14:50

三洋汽船／☎0865-62-2866(住吉営業所)
旅客運賃／真鍋島岩坪-佐柳島本浦340円
所要時間／真鍋島岩坪-佐柳島本浦20分
※土曜日のみの運航なので注意

日生諸島方面

㉓ 岡山(日生)-大多府

日生発	日生駅前着・発	鴻島着・発	鹿久居島着・発	頭島着・発	大多府着
6:35	→	→	→	→	7:00
7:40	→	→	→	8:00	8:10
9:15	→	9:30	→	9:40	9:50
10:30	→	→	10:40	10:50	11:00
12:00	12:10	12:25	→	12:35	12:45
15:00	→	→	15:10	15:20	15:30
16:30	→	16:45	→	16:55	17:05
17:45	→	→	→	18:05	18:15
18:50	→	19:05	→	19:15	19:25

大多府着	頭島着・発	鹿久居島着・発	鴻島着・発	日生駅前着・発	日生発
6:05	6:15	→	→	→	6:35
7:02	7:12	→	7:22	→	7:37
8:20	8:30	→	8:40	8:55	9:05
9:55	10:05	→	→	→	11:35
11:05	11:15	11:25	→	→	11:35
14:10	14:20	→	14:30	→	14:45
15:52	16:02	16:12	→	→	16:22
17:10	17:20	→	17:30	→	17:45
18:20	18:30	→	→	→	18:50

大生汽船／☎0869-72-0506
旅客運賃／日生・日生駅前-大多府610円、日生-鹿久居島420円、日生-頭島490円、日生-日生駅前-鴻島310円、鴻島-大多府340円、鴻島-頭島180円、鹿久居島-大多府220円、鹿久居島-頭島90円、頭島-大多府150円
所要時間／所要時間／日生-大多府35分、日生-鹿久居島10分、日生-頭島20分、日生-鴻島15分、日生-日生駅前10分、日生駅前-大多府35分、日生駅前-頭島25分、日生駅前-鴻島15分、鴻島-大多府20分、鴻島-頭島10分、鹿久居島-大多府20分、鹿久居島-頭島10分、頭島-大多府10分

広島・小手島・手島方面

㉑ 丸亀-広島(江の浦)-広島(青木)-小手島-手島

丸亀発	江の浦着・発	広島(青木)着・発	小手島着・発	手島着	
6:05	6:50			7:25	
6:50	7:11				旅客船
7:40	8:01				旅客船
9:25	10:15	10:41	10:57	11:15	※注1
11:10	11:32	11:45	11:55	12:05	旅客船※注2
14:10	14:31				旅客船
15:00	15:45	16:10	16:26	16:45	
17:30	17:51				旅客船※注3
17:30	17:52	→	18:15	18:25	旅客船※注4

手島発	小手島着・発	青木着・発	江の浦着・発	丸亀着	
			7:15	7:36	旅客船
7:30	7:50	8:10	8:35	9:14	
			10:45	11:06	旅客船
12:10	12:20	12:30	12:43		旅客船 木休
			12:50	13:35	木休
12:00	12:18	12:34	13:00	13:45	木曜のみ運行
			13:40	14:01	旅客船
			16:40	17:01	旅客船
16:50	→	→	17:25	18:10	
			18:10	18:31	旅客船※注3
18:30	→	→	18:53	19:14	旅客船※注4

備讃フェリー／☎0877-22-3318
旅客運賃／丸亀-江の浦570円、丸亀-青木640円、丸亀-小手島700円、丸亀-手島770円、江の浦-青木230円、江の浦-小手島330円、江の浦-手島420円、青木-小手島150円、青木-手島320円　小手島-手島240円
所要時間／丸亀-江の浦40分(20分)、丸亀-青木65分(35分)、丸亀-小手島80分(45分)、丸亀-手島75分(45分)、江の浦-青木25分(13分)、江の浦-小手島40分(23分)、江の浦-手島35～60分(30分)、青木-小手島15分(10分)、青木-手島30分(20分)、小手島-手島17分(10分) ※( )内は旅客船
※注1 江の浦～手島は木曜のみ運航　※注2 江の浦～手島は木曜運休
※注3 4/1～9/30は金曜運休　※注4 4/1～9/30は金曜のみ運行

伊吹島方面

㉒ 観音寺-伊吹島

観音寺発	伊吹着	伊吹発	観音寺着
7:50	8:15	7:00	7:25
11:20	11:45	9:00	9:25
15:40	16:05	13:30	13:55
17:50	18:15	17:10	17:35

観音寺伊吹丸事務所／☎0875-25-4558
旅客運賃／510円　所要時間／25分

㉙ 岡山(笠岡諸島旅客船乗り場・笠岡住吉港)-真鍋島(本浦) ※旅客船 ※4月に変更予定あり

笠岡発	神島外浦着・発	高島着・発	白石島着・発	北木島楠着・発	北木島大浦着・発	鍋島岩坪着・発	真鍋島本浦着・発
8:10	8:30	8:36	8:45	9:00	9:05	9:15	9:20
11:10	→	→	11:35	→	11:55	12:05	12:10
14:15	14:35	14:40	14:50	15:05	15:10	15:25	12:20 ※
18:00	18:20	18:25		18:50	18:55	19:10	19:05 ※

真鍋島本浦着・発	鍋島岩坪着・発	北木島大浦着・発	北木島楠着・発	白石島着・発	高島着・発	神島外浦着・発	笠岡発
6:35	6:30	6:45	6:50	7:05	7:13	7:19	7:37 ※
9:20	9:15	9:35	9:40	9:55	10:05	10:10	10:27 ※
15:10		15:25	15:30	15:55	→	→	16:20
16:30	16:35	16:45	16:45	17:05	17:13	17:19	17:37

三洋汽船／☎0865-62-2866(住吉営業所)
旅客運賃／笠岡-真鍋島本浦・岩坪990円、笠岡-北木島楠・大浦770円、笠岡-白石島650円、笠岡-高島500円、笠岡-神島外浦380円、神島外浦-真鍋島本浦・岩坪760円、神島外浦-北木島楠・大浦590円、神島外浦-白石島290円、神島外浦-高島170円、高島-真鍋島本浦・岩坪680円、高島-北木島楠・大浦550円、高島-白石島200円、白石島-真鍋島本浦・岩坪590円、白石島-北木島楠・大浦370円、北木島楠-真鍋島本浦・岩坪240円、北木島楠-北木島大浦150円、真鍋島本浦-真鍋島岩坪150円
所要時間／笠岡-真鍋島岩坪70分(60分)、笠岡-真鍋島本浦65分(55分)、笠岡-北木島楠50分、笠岡-北木島大浦55分(45分)、笠岡-白石島35分(25分)、笠岡-高島26分、笠岡-神島外浦20分、神島外浦-真鍋島本浦45分、神島外浦-真鍋島岩坪50分、神島外浦-北木島楠30分、神島外浦-北木島大浦35分、神島外浦-白石島15分、神島外浦-高島6分、高島-真鍋島本浦39分、高島-真鍋島岩坪44分、高島-北木島楠24分、高島-北木島大浦29分、高島-白石島9分、白石島-真鍋島本浦30分、白石島-真鍋島岩坪35分、白石島-北木島楠15分、白石島-北木島大浦20分、北木島楠-真鍋島本浦15分、北木島楠-真鍋島岩坪20分、北木島楠-北木島大浦5分、北木島大浦-真鍋島本浦10分、北木島大浦-真鍋島岩坪15分、真鍋島本浦-真鍋島岩坪5分
※真鍋島本浦と岩坪の出発時刻が入れ替わるので注意

㉚ 岡山(笠岡諸島旅客船乗り場・笠岡住吉港)-飛島-六島 ※旅客船 ※4月に変更予定あり

笠岡発	神島外浦着・発	高島着・発	飛島小飛島着・発	飛島北浦着・発	飛島洲着・発	六島前浦着・発	六島湛江着・発	真鍋島本浦着・発
7:30	→	→	→	→	8:10	8:25	8:20	※1
11:30	11:50	11:56	12:20	12:25	12:30	12:40	12:45	13:00
16:00	16:20	16:26	16:50	16:55	17:00	17:10	17:15	
18:10	→	→	18:50	18:55	19:00			

真鍋島本浦着	六島湛江着・発	六島前浦着・発	飛島洲着・発	飛島北浦着・発	飛島小飛島着・発	高島着・発	神島外浦着・発	笠岡発
			6:30	6:35	6:40	→	→	7:20
	8:20	8:30	8:30	8:45	8:55	9:19	9:25	9:45
14:10	14:25	14:30	14:40	14:40		15:14	15:40	15:40
	17:20	17:10	17:00	16:55	16:50	→	→	18:00 ※2

三洋汽船／☎0865-62-2866(住吉営業所)
旅客運賃／笠岡-真鍋島本浦1540円、笠岡-六島湛江・前浦1220円、笠岡-飛島小飛島・北浦・洲980円、笠岡-高島500円、笠岡-神島外浦380円、神島外浦-真鍋島本浦1280円、神島外浦-六島湛江・前浦960円、神島外浦-飛島小飛島・北浦・洲720円、神島外浦-高島170円、高島-真鍋島本浦1170円、高島-六島湛江・前浦850円、高島-飛島小飛島・北浦・洲610円、飛島小飛島・北浦・洲-真鍋島本浦730円、飛島小飛島・北浦・洲-六島湛江・前浦410円、飛島小飛島-飛島北浦・洲200円、飛島北浦-飛島洲100円、六島湛江・前浦-真鍋島本浦410円、六島湛江-六島前浦100円
所要時間／笠岡-真鍋島本浦90分、笠岡-六島前浦75分(50分)、笠岡-六島湛江70分(55分)、笠岡-飛島洲60分(50分・40分)、笠岡-飛島北浦55分(45分)、笠岡-飛島小飛島50分(40分)、笠岡-高島26分、笠岡-神島外浦20分、神島外浦-真鍋島本浦70分、神島外浦-六島前浦55分、神島外浦-六島湛江50分、神島外浦-飛島洲40分、神島外浦-飛島北浦35分、神島外浦-飛島小飛島30分、神島外浦-高島6分、高島-真鍋島本浦64分、高島-六島前浦49分、高島-六島湛江44分、高島-飛島洲34分、高島-飛島北浦29分、高島-飛島小飛島24分、飛島小飛島-真鍋島本浦40分、飛島小飛島-六島前浦25分、飛島小飛島-六島湛江20分、飛島小飛島-飛島洲10分、飛島小飛島-飛島北浦5分、飛島北浦-真鍋島本浦35分、飛島北浦-六島前浦20分、飛島北浦-六島湛江15分、飛島北浦-飛島洲5分、飛島洲-真鍋島本浦30分、飛島洲-六島前浦15分、飛島洲-六島湛江10分、六島湛江-真鍋島本浦20分、六島湛江-六島前浦5分、六島前浦-真鍋島本浦15分
※1 六島湛江と前浦の出発時刻が入れ替わるので注意
※2 六島湛江と前浦、飛島小飛島・北浦・洲の出発時刻が入れ替わるので注意

港 マップ

宮の下港

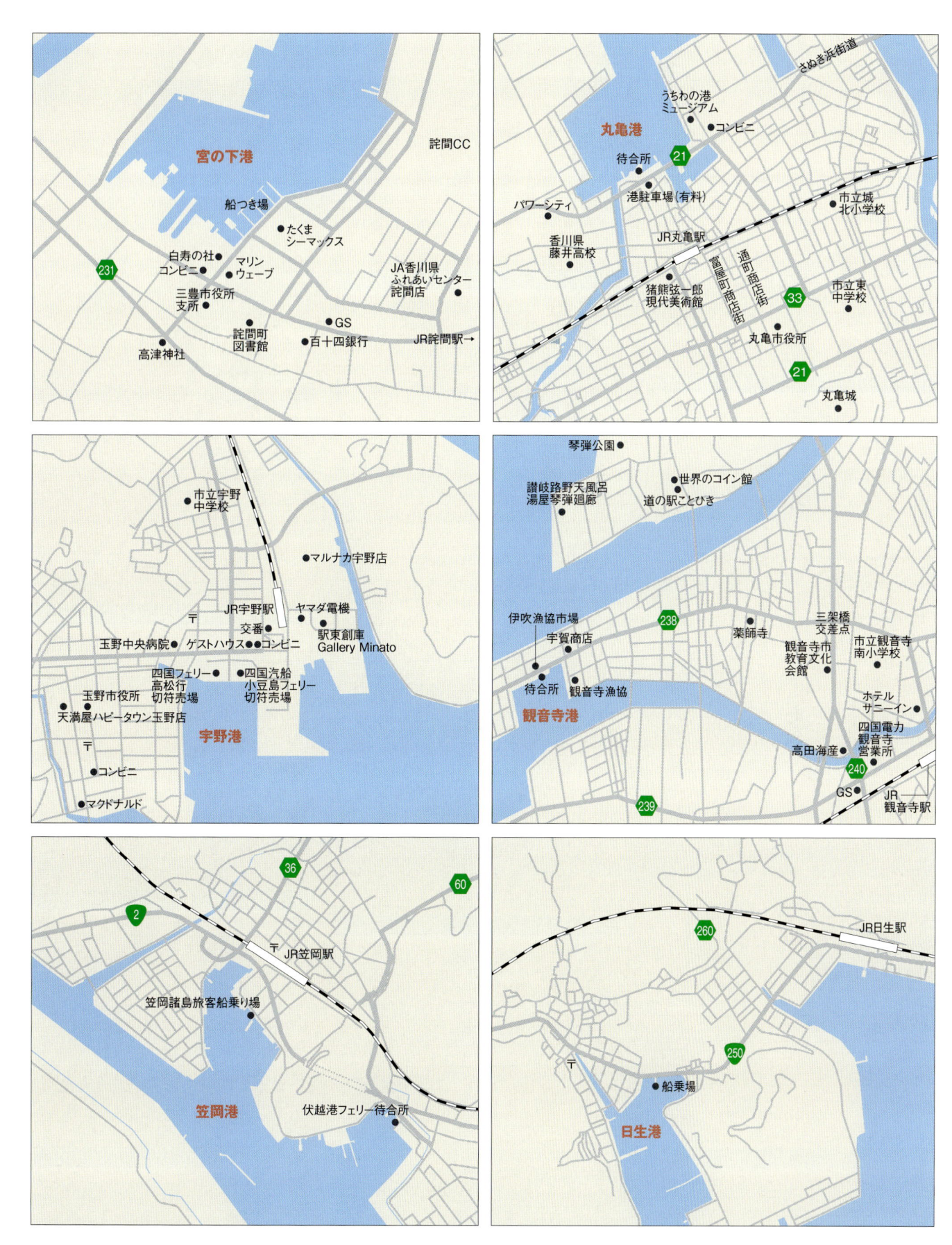

- 詫間CC
- 船つき場
- たくまシーマックス
- 白寿の社
- コンビニ
- マリンウェーブ
- JA香川県ふれあいセンター詫間店
- 三豊市役所支所
- GS
- 詫間町図書館
- 百十四銀行
- JR詫間駅→
- 高津神社
- 231

丸亀港

- うちわの港ミュージアム
- コンビニ
- 待合所
- 21
- パワーシティ
- 港駐車場(有料)
- 市立城北小学校
- 香川県藤井高校
- JR丸亀駅
- 猪熊弦一郎現代美術館
- 富屋町商店街
- 通町商店街
- 市立東中学校
- 33
- 丸亀市役所
- 21
- 丸亀城
- さぬき浜街道

宇野港

- 市立宇野中学校
- マルナカ宇野店
- JR宇野駅
- ヤマダ電機
- 〒
- 交番
- 玉野中央病院
- ゲストハウス
- コンビニ
- 駅東創庫 Gallery Minato
- 四国フェリー高松行切符売場
- 四国汽船小豆島フェリー切符売場
- 玉野市役所
- 天満屋ハピータウン玉野店
- 〒
- コンビニ
- マクドナルド

観音寺港

- 琴弾公園
- 讃岐路野天風呂湯屋琴弾廻廊
- 世界のコイン館
- 道の駅ことひき
- 238
- 伊吹漁協市場
- 三架橋交差点
- 宇賀商店
- 薬師寺
- 観音寺市教育文化会館
- 市立観音寺南小学校
- 待合所
- 観音寺漁協
- ホテルサニーイン
- 四国電力観音寺営業所
- 高田海産
- 240
- GS
- JR観音寺駅
- 239

笠岡港

- 36
- 60
- 2
- 〒 JR笠岡駅
- 笠岡諸島旅客船乗り場
- 伏越港フェリー待合所

日生港

- 260
- JR日生駅
- 250
- 〒
- 船乗場

白石島国際交流ヴィラ（白石島）	80
塩飽勤番所（本島）	105
新在家海岸（本島）	106
心臓音のアーカイブ（豊島）	36
スダジイの森（豊島）	43
ストーム・ハウス（豊島）	36
住吉神社（女木島）	64
精錬所カフェ（犬島）	71
瀬戸内海国立公園 寒霞渓（小豆島）	30
創作料理 野の花（小豆島）	16
空の粒子／唐櫃（豊島）	36

た

大聖寺（高見島）	112
大天狗神社（佐柳島）	112
武内商店（粟島）	102
タコのまくら（小豆島）	18
Dutch Café Cupid&Cotton（小豆島）	18
立石肇さん家（直島）	47
007「赤い刺青の男」記念館（直島）	58
檀山展望台（豊島）	43
チェレステ小豆島（小豆島）	12
地中美術館（直島）	45
中華そば坂本（笠岡）	89
中華そば大福（北木島）	84
銚子渓（小豆島）	30
辻珈琲（笠岡）	89
{つながりの家}資料展示室（大島）	115
trees犬島店（犬島）	76
鶴田石材採石場（北木島）	83
豊島鮮魚（豊島）	39
てしまのまど（豊島）	39
豊島美術館（豊島）	35
豊島屋（豊島）	38
豊島横尾館（豊島）	37
てれやカフェ（牛窓＆前島）	98
道場（男木島）	66
遠い記憶（豊島）	37
遠見山展望台（本島）	105
トムナフーリ（豊島）	37
豊玉姫神社（男木島）	65

な

直島カフェ コンニチハ（直島）	49
直島銭湯「I♥湯」（直島）	46

中西屋旅館（白石島）	81
なかぶ庵（小豆島）	15
中山商店（犬島）	76
中山の千枚田（小豆島）	24
鍋島灯台（与島）	110
二十四の瞳映画村（小豆島）	28,29
ニューおりんぴあ（直島）	55

は

BARU TINA（小豆島）	16
Bamboo Village（直島）	53
肥土山農村歌舞伎と虫送り（小豆島）	25
日生観光協会（日生諸島）	95
漂流郵便局（粟島）	101
粟島海洋記念館（粟島）	100
ぶいぶいがーでん（粟島）	101
渕崎製パン所（小豆島）	17
船出（真鍋島）	78
Blue Beat Bland café（小豆島）	17
ふるさと料理 鮮「弥助」（小豆島）	11
ふれあいの館 かぜまち（日生諸島）	92
ふれあいパーク（粟島）	101
ベイリゾートホテル小豆島（小豆島）	33
ベネッセハウスミュージアム（直島）	45
ペンション正栄（高島）	87
HOMEMAKERS（小豆島）	18
星ヶ城山園地（小豆島）	26
ほっこり民宿 清（直島）	51
ホテル リマーニ（牛窓＆前島）	98
bollard／BOLLARD COFFEE（宇野）	61
本島イルカ村（本島）	106
本島観光ガイド（本島）	107

ま

maimai（直島）	49
真鍋島ふるさと村資料館（真鍋島）	77
マルキン醤油記念館（小豆島）	23
Mrs. Maroulla's HOUSE（直島）	53
みずたまや（豊島）	42
道の駅 小豆島オリーブ公園（小豆島）	21
港食堂＆ゲストハウス lit（宇野）	61
港屋食堂（北木島）	84
民宿 池田（櫃石島）	111
民宿 岩黒（岩黒島）	111
民宿 岩本（岩黒島）	111

民宿 海の家（牛窓＆前島）	97
民宿 おふくろの家（牛窓＆前島）	97
民宿 おやじの海（直島）	52
民宿 塩飽家（本島）	106
民宿 南風荘（牛窓＆前島）	97
民宿 ふる里（牛窓＆前島）	97
民宿 みはらし（岩黒島）	111
民宿 やかた船（本島）	105
民宿 ぎんなん（粟島）	102
民宿さんちゃん（白石島）	81
民宿はまべ（高島）	87
民宿はらだ（白石島）	81
民宿森田（高見島）	112
民宿龍宮（女木島）	64
民泊（豊島）	40,41
向島集会所（直島）	53
村尾商店（直島）	57
村上商店（男木島）	67
MeiPAM（小豆島）	19
森國酒造 ギャラリー＆カフェバー（小豆島）	18

や

薬師寺の首なし地蔵（豊島）	43
宿 くるむ（直島）	53
山本うどん店（直島）	54
ヤマロク醤油（小豆島）	23
ゆめポート（笠岡）	88
吉形商店（日生諸島）	92
よしのや（日生諸島）	92
与島プラザ（与島）	110
よっこちゃんの店（北木島）	84

ら

李禹煥美術館（直島）	45
Ristorante FURYU（小豆島）	10
リゾートホテルオリビアン小豆島（小豆島）	13
Little Plum（直島）	50
漁師yado民宿さくら（男木島）	66
漁師料理漁火（真鍋島）	78
旅館 龍宮本城（牛窓＆前島）	97
ル・ポール粟島（粟島）	102

わ

和CAFEぐぅ（直島）	48
鷲ヶ峰展望台（女木島）	64

INDEX

探しているスポットが
すぐ見つかる「あいうえお」順

あ

青空水族館（大島）	115
あなたが愛するものは、あなたを泣かせもする（日本フランチャイズバージョン）（豊島）	37
あなたの最初の色（私の頭の中の解−私の胃の中の溶液）（豊島）	36
ANIKULAPO（宇野）	61
天野屋旅館（北木島）	84
在本商店（犬島）	76
粟島芸術家村（粟島）	101
粟島太郎（粟島）	102
粟島の宿 粟島ロッジ（粟島）	102
ANDO MUSEUM（直島）	46
家プロジェクト（直島）	46
飯神山（小豆島）	27
石川さん家（直島）	47
いちご家（豊島）	42
いっぷく茶屋（直島）	51
犬島「家プロジェクト」I邸（犬島）	71
犬島「家プロジェクト」石職人の家跡（犬島）	71
犬島「家プロジェクト」A邸（犬島）	71
犬島「家プロジェクト」S邸（犬島）	71
犬島「家プロジェクト」F邸（犬島）	71
犬島「家プロジェクト」C邸（犬島）	71
犬島「家プロジェクト」中の谷の東屋（犬島）	71
犬島Sato・Sun（犬島）	76
犬島精錬所美術館（犬島）	70
犬島チケットセンターストア＆カフェ（犬島）	71
イワタコンフェクト（直島）	57
Ukicafe（犬島）	76
牛窓研修センター・カリヨンハウス（牛窓＆前島）	97
牛窓シーサイドペンション アラパパ（牛窓＆前島）	97
牛窓神社（牛窓＆前島）	98
牛転び（牛窓＆前島）	99
海っ子（直島）	57
うみねこかしや（小豆島）	18
海のレストラン（豊島）	39
梅本水産 漁師共同直売店（小豆島）	11
恵井高栄堂（直島）	57
駅東創庫 Gallery Minato（宇野）	61

Apron Cafe（直島）	48
縁側カフェ 七ッ島 茶粥亭（直島）	48
エンジェルロード（小豆島）	25,30
大坂城石垣石切丁場跡（小豆島）	30
大阪屋（小豆島）	11
大阪屋食堂（宇野）	60
オーテ（女木島）	64
おおみねのうどん屋さん（小豆島）	15
おかだや（豊島）	42
岡田屋商店（小豆島）	17
岡山市立犬島自然の家（犬島）	76
男木交流館（男木島）	66
男木島cafeTACHI（男木島）	67
男木島灯台＆男木島灯台資料館（男木島）	65
お好み焼き ふみ（日生諸島）	92
お食事処 円（男木島）	67
お多津（笠岡）	89
お多福旅館（白石島）	81
鬼ヶ島おにの館（女木島）	63
鬼ヶ島大洞窟（女木島）	63
オリーブ染め工房 木の花（小豆島）	22
オンバ・ファクトリー＆カフェ（男木島）	66

か

カーサタケダ（高島）	87
海遊文化館（牛窓＆前島）	98
開龍寺（白石島）	81
かさおか島づくり海社（北木島）	85
笠岡諸島旅客船乗り場（笠岡）	89
笠岡市立カブトガニ博物館（笠岡）	88
笠島まち並保存センター（本島）	105
風の舞（大島）	115
カフェ いっぽ（直島）	50
Cafe サザン（日生諸島）	94
カフェ 忠左衛門（小豆島）	15
カフェ・シヨル（大島）	115
cafe&dining OASIS（小豆島）	17
cafe&bar SARU（直島）	55
カフェイアラ女木島（女木島）	64
カフェサロン 中奥（直島）	55
Cafe Restaurant Garden（直島）	49
カメイベーカリー（日生諸島）	94
かもめや（男木島）	69
唐琴荘（牛窓＆前島）	97
鬼旬（女木島）	64

北木石記念室（北木島）	85
キッチン くいしんぼ（小豆島）	16
木の崎うどん（直島）	54
木原食堂（小豆島）	16
cat café にゃおしま（直島）	49
ギャラリー＆カフェ 吾亦紅（本島）	105
旧戸形小学校（小豆島）	26
ゲストハウス アイランドガール（牛島）	108
ゲストハウス 路地と灯り（直島）	52
guest room 青い鳥（直島）	51
玄米心食 あいすなお（直島）	48
courtyard（豊島）	42
古代体験の郷「まほろば」（日生諸島）	91
こまめ食堂（小豆島）	11
五味の市（日生諸島）	94
Comuni Space「uz」（宇野）	61

さ

さかいや（直島）	47
山王水餃大王（日生諸島）	94
シーサイドマート玉野魚市場（宇野）	60
シナモン（Cin.na.mon）（直島）	50
島キッチン（豊島）	38
島食堂（犬島）	76
島食Doみやんだ（直島）	54
島テーブル（男木島）	66
島のSARAI（北木島）	85
島宿 真里（小豆島）	12,22
島宿三虎（真鍋島）	78
旬魚定おばんや魚魚（牛窓＆前島）	98
正覚院（本島）	106
所見坊（本島）	106
勝者はいない - マルチ・バスケットボール（豊島）	36
小豆島オリーブ園（小豆島）	21
小豆島国際ホテル（小豆島）	13
小豆島食品（小豆島）	23
小豆島手延べそうめん 作兵衛（小豆島）	14
小豆島ラーメンHISHIO 小豆島エンジェルロード店（小豆島）	14
小豆島霊場第18番札所 石門洞（小豆島）	27
小豆島霊場第2番札所 碁石山（小豆島）	27
食事処・スナック いこい（直島）	57
食堂101号室（豊島）	38
白石島廻漕店（白石島）	80

瀬戸の島旅
岡山・香川を島はしご

2015年4月21日初版第一刷発行

編著者　ROOTS BOOKS
　　　　http://rootsbooks.shop-pro.jp

発行者　内山正之

発行所　株式会社西日本出版社
　　　　http://www.jimotonohon.com
　　　　〒564-0044
　　　　大阪府吹田市南金田1-8-25-405

[営業・受注センター]
〒564-0044
大阪府吹田市南金田1-11-11-202
TEL.06-6338-3078
FAX.06-6310-7057
郵便振替口座番号
00980-4-181121

STAFF

写真	中村脩（中村スタジオ）表紙
	青地大輔（ブルーワークス PHOTO&DESIGN Office）P4
ライター	小西智都子（ROOTS BOOKS）
	山下亜希子
	山本政子（やまもも制作室）
デザイン	西村京子・川田真由美・藤内愛子・山西紀子（tao.）
	汐瀬ちひろ（株式会社エス・ピー・シー）
広告営業	岸本広宣・木村有日子（株式会社エス・ピー・シー）
マップ制作	庄司 英雄
	弓岡久美子（アトリエミニ）
編集協力	佐々木和（GOOD NEWS）
編集協力（小豆島）	小豆島カメラ
	大川佳奈子・太田有紀・黒島慶子・古川絵里子・坊野美絵・牧浦知子・三村ひかり

Ⓒ Roots Books & Kazu Sasaki 2015 Printed in Japan

乱丁落丁は、お買い求めの書店名を明記の上、小社宛にお送り下さい。
送料小社負担でお取り換えさせていただきます。
本書に掲載されているデータは、2014年8月から2015年2月頃までに
取材したものです。
各データは変更になっている場合がございますのでご了承ください。
本書に掲載の写真、イラスト、地図および文章の無断転用を禁じます。